「十四五」国家重点图书
国家重大出版工程

中国国家人文地理

广西

北海

《中国国家人文地理》编委会 编

中国地图出版社 · 北京

图书在版编目（CIP）数据

北海 / 《中国国家人文地理》编委会编. -- 北京 : 中国地图出版社, 2023.12
（中国国家人文地理）
ISBN 978-7-5204-4256-5

Ⅰ. ①北… Ⅱ. ①中… Ⅲ. ①北海市－概况 Ⅳ. ① K926.64

北海（中国国家人文地理）
BEIHAI（ZHONGGUO GUOJIA RENWEN DILI）

出版发行	中国地图出版社		
社　　址	北京市白纸坊西街3号	邮政编码	100054
电　　话	010-83543926	网　　址	www.sinomaps.com
印　　刷	北京时尚印佳彩色印刷有限公司	经　　销	新华书店
成品规格	185mm×250mm	印　　张	17
字　　数	264千字		
版　　次	2023年12月第1版	印　　次	2023年12月第1次印刷
定　　价	168.00元		

书　　号　ISBN 978-7-5204-4256-5
审 图 号　GS京（2024）0927号

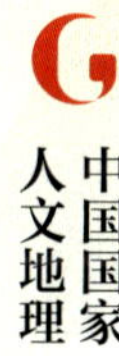
中国国家
人文地理

《中国国家人文地理》编辑委员会

《中国国家人文地理·北海》编辑委员会

目 录

总 序

《周易》曰："观乎人文，以化成天下""仰以观于天文，俯以察于地理，是故知幽明之故"。察地理、观人文，体现的是中华民族对自然环境和社会人文的关注，是道法自然与教化天下的情怀。

中华民族有 5000 多年连绵不断的文明史，而承载中国历史文化的地理空间是广袤复杂的。在一个辽阔的地域上，由于地理环境、人群构成、社会历史发展进程的不同，自然、经济、人文、社会等诸方面存在着明显的地域差异，也孕育了不同特质、各具特色的地域景观。

中国是一个统一的多民族国家，中华文化是丰富多彩又浑然一体的文化。一方水土养一方人，一方水土孕育一方文化，一方文化影响一方经济、造就一方社会。不同个性特质、各具鲜明特色的地域文化，不仅是源远流长的中华文化的有机组成部分，也是中华民族的宝贵财富。地域文化的发展既是地域经济社会发展不可忽视的重要组成部分，又是地方经济社会发展的窗口和品牌，已成为增强地域经济竞争能力和推动社会快速发展的重要力量。

这套《中国国家人文地理》丛书，以地级行政区域为地理单位，从时间和空间两个维度，以历史为线索，以地理为载体，权威、立体、详细地展现地域的历史文化、人文资源、地理国情、生态环境以及经济社会发展，并归纳提炼出特色地域文化，打造城市名片，可以称得上是一部区域的"百科全书"，对提升城市软实力，扩大对外影响力，助推地方经济和社会发展具有重要意义。其实，这套丛书的意义远远超出地理区域，它展示和讲述的虽然只是一个个具体的局部，但它为人们提供了一个个不同的视角、一个个不同的出发地，让人们多角度地去认识一个多元一体化的伟大国度，从而生动具体地领略它的包容博大、多姿多彩、生机勃勃。正因为如此，这套丛书绝非地域推介的集成，而是一套从个性出发，了解我们国家全貌、民族完整历史的教科书。丛书将文字、图片、地图、信息图表相融合的设计，为传统的图书注入了新的视觉体验，以雅俗共赏的方式将中华文化和各地人文地理的精华呈现给社会大众，为读者带来了一份精彩的文化大餐。

这套丛书从策划到执行，都得到了中央、国家有关部委和地方各级政府的大力支持，并已列入“十三五”“十四五”时期国家重点出版物出版专项规划和国家重大出版工程，这体现了国家对它的认可和重视。丛书的出版，必将充分发挥出版记录历史、传承文明、宣传真理、普及科学、资政育人的功能，为弘扬中华优秀传统文化，增强中华文化软实力，扩大中华文化影响力，建设社会主义文化强国作出重要贡献，并为中华文化走出去提供助力。

编撰《中国国家人文地理》丛书是新时代文化领域的一件大事。因此，我欣然为这套丛书作序，并相信全国将会有更多的城市陆续参与到这一大型图书工程中来，共同讲好中国故事，传播好中国声音，凝聚中国力量，建设美丽中国，为中华文化增色添彩。

第十一届全国政协副主席

序

“连天浪静长鲸息，映日帆多宝舶来。”唐代诗人刘禹锡的诗句道尽了我国古代海上丝绸之路商贸的繁华景象。

北海古属合浦郡，襟碧波荡漾的南流江，枕汹涌澎湃的北部湾，既是我国古代海上丝绸之路最早的始发港，也是国家历史文化名城。在两千多年的历史长河中，勤劳而富有创造精神的北海人民，溯南流江而居，依北部湾而兴，耕田牧海，繁衍生息，传承文明，创业开拓，在肥沃的土地上建起美丽富饶的家园。

这是闪耀在北部湾畔的璀璨之珠。北海位于中国大陆最南端、粤桂两省交界处，坐拥北部湾，南望海南省，东连广东省湛江市，背靠大西南，面向东南亚，区位优势突出。在我国西部地区，北海是唯一一座同时拥有深水海港、全天候机场、高速铁路和高速公路的城市，是国家层面重点打造的与东盟进行国际贸易合作的门户区域和合作平台。北海海域面积2万多平方千米，海岸线长668.98千米，拥有丰富的港口、渔业、旅游、滩涂、海岛、海洋能源、海洋矿产等资源，组合优势明显，建港条件优越。紧邻的北部湾既是全国四大渔场之一，也是我国六大油气盆地之一。北海还是全国三大石英砂矿产地之一。北海素有“中国氧吧”的美誉，是中国优秀旅游城市、国家森林城市、国家卫生城市、全国双拥模范城。

这是孕育海丝文化（即海上丝绸之路文化）的魅力之都。北海海洋文明悠久，深厚的海丝文韵滋养着这座古老而又年轻的港口城市。古港、汉街承载着合浦古代海丝路（海上丝绸之路简称）舟楫往来、商贾云集的贸易传奇，汉凤灯、洋玛瑙照亮了合浦古代海丝路对外交流、合作共赢的辉煌历程，中原丝绸、本土珍珠、南亚香料、西亚水晶、中亚黄金等文物珍品体现了合浦古代海丝路开放包容、兼收并蓄的博大胸怀……这些海丝文化遗产都在佐证《汉书 · 地理志 · 粤地章》所记载的一个史实："自日南障塞，徐闻、合浦船行可五月，有都元国；又船行可四月，有邑卢没国；又船行可二十余日，有谌离国；步行可十余日，有夫甘都卢国。自夫甘都卢国船行可二月余，有黄支国……"这段史料生动地勾勒出一条从合浦港出发，通往印度、斯里兰卡等国的国际远洋贸易航线，也表明了北海海丝文化的悠久与博大。

这是充满诗情画意的胜景之园。北海钟灵毓秀、人杰地灵，文人墨客处处皆是，诗词歌赋层出不穷，是一块文脉绵长的土地——唐代诗人王维衷情于"南珠故郡"，作诗"明珠归合浦，应逐使臣星"以赠送友人；宋代文豪苏东坡萦怀"海角名区"，赋诗"芒鞋不踏利名场，一叶虚舟寄渺茫"以叹咏人生；明代戏曲家汤显祖流连涠洲岛美景，著诗"日射涠洲郭，风斜别岛洋"以感物抒怀……如今，人们在北海可观赏逶迤蜿蜒的南流江，嬉戏于碧波银沙的银滩，游目涠洲岛的"蓬莱"美景，尽揽落霞秋水的红树林，徜徉中西合璧的珠海老街，探秘千年合浦汉文化遗存……丰厚的历史文化与秀美的自然风光令人骋怀陶醉。近两年，北海荣获了"中国最佳文化旅游名城""最美中国旅游目的地城市"和广西首个全域旅游示范市等金名片。

这是适合宜居康养的生态之地。近年来，北海市空气质量指数（AQI）优良率一直稳居全国前列，"氧吧城市"美名被更多的人认知、认可和喜爱；城市饮用水水质达标率连续五年以上保持 100%；近岸海域水质优良比例达90%以上，主城区生活垃圾实现100%无害化处理。通过补植修复、拓展延伸、调整提升，建成了多条高品位的绿色长廊，形成了四季皆绿、四季有花、四季变化的铁路、公路和市区小街小巷生态景观，城市更加美丽宜居。眼下，“城在林中、林在城中、人在绿中”的人居环境让北海百姓和游客津津乐道，人们到公园、步道散步休闲，享受着“国家历史文化名城”“全国优秀旅游城市”“国家园林城市”“国家卫生城市”“国家级”“长寿市”“十大旅游向往之城”带来的宜居康养福祉。

这是发展生机勃发的品质之城。1984年，党中央、国务院决定进一步开放北海等14个沿海港口城市，北海的发展从此翻开了崭新一页；1992—1993年，北海开发热潮令世人瞩目，拉开了城市大发展的框架，成就了今天城市的雏形；2008年后，北海在广西北部湾经济区开放开发大潮中，实现了经济转型升级、跨越发展。2017年4月19日，习近平总书记视察广西，首站来到北海，对北海作出“打造好向海经济，谱写新世纪海上丝绸之路新篇章”“让文物说话、让历史说话、让文化说话”等重要指示，对北海发展进行了精准定位、赋予了崇高使命。几年来，全市上下牢记总书记的嘱托，解放思想、深化改革、凝心聚力、担当实干，大胆探索打造向海经济的新实践，奋力谱写了北海经济社会高质量发展的新篇章。今日的北海，经济发展提档加速、城市建设日新月异、脱贫攻坚战全面胜利、社会事业欣欣向荣、人民群众安居乐业、共同富裕扎实推进。尽管遭受新冠肺炎疫情冲击，北海经济仍然保持良好发展势头，经济增速处于全国14个沿海开放城市前列，人均GDP超过部分沿海发达城市，工业总产值由广西第5位上升到第3位，实现了历史性突破。

“等闲识得东风面，万紫千红总是春。”站在新的历史起点，“一带一路”和西部陆海新通道建设持续走深走实，中国—东盟合作不断深化，

RCEP（区域全面经济伙伴关系协定）正式生效，为北海加速融入和服务全球产业链供应链价值链创新链提供了机遇；粤港澳大湾区、海南自贸港、北部湾城市群、广西自贸区等开放发展战略加快实施，为北海推进开放开发提供了平台；建设北部湾国际门户港、上海经宁波至合浦沿海高铁上升为国家战略，让北海的区位优势更加突出。目前，北海正抢抓重大机遇，主动肩负新使命，科学擘画新蓝图，以汗水浇灌梦想、以实干彰显担当，以钉钉子精神做实做细各项工作，一步一个脚印地朝着“使北海成为一个令人向往的城市，让北海人民为生活在北海而自豪”的目标迈进。

北海，这个沐浴春风、熠熠生辉的古老名城前景无限！

北海，这个快马加鞭、充满活力的开放新城前景无限！

通过编纂出版《中国国家人文地理 · 北海》一书来追根溯源，探究北海的前身后世，描述合浦丝路古港两千多年发展的历史轨迹，展现新时代北海践行“写好新世纪海上丝绸之路新篇章”使命的新风貌，可以让广大读者感受北海筚路蓝缕、薪火相传的文化名城品质，感知北海敢为人先、砥砺前行的开放新城魅力，从而认可北海、游览北海、热爱北海、宣传北海。

是为序！

《中国国家人文地理 · 北海》编辑委员会

2023 年 3 月

北海名片

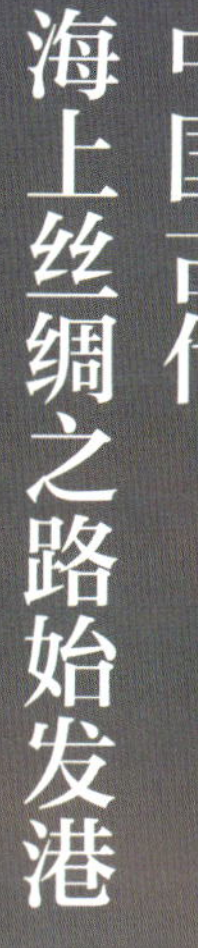

中国古代 海上丝绸之路始发港

北海是中国最早的海上丝绸之路始发港之一。《汉书·地理志》记载，从北海出发的使者和商船，最远到达斯里兰卡的已程不国，与沿途国家进行友好交往和公平贸易。有力促进了我国与东南亚、南亚国家乃至中东地区的交流，建立了和平合作、互利共赢的外交格局和深厚友谊。

中国首批沿海开放城市

改革开放以后，北海于一九八四年被列为全国首批十四个沿海开放城市之一，北海的海洋经济、对外经济得到进一步巩固，北海发展进入快车道，在一次次面向国内外的广泛交流合作中，不仅插上了腾飞的翅膀，也形成了开放包容、兼收并蓄的城市品格。

天下第一滩

北海银滩的沙滩由高品位的石英砂堆积而成，在阳光的照射下，洁白、细腻的沙滩会泛出银光，以其『滩长平、沙细白、水温净、浪柔软、无鲨鱼』等特点，而被称为『天下第一滩』。

南珠之乡

南珠，北海市特产，中国国家地理标志产品。细腻器重、玉润浑圆，瑰丽多彩、光泽经久不变，素有『东珠不如西珠，西珠不如南珠』之美誉。从先秦起就被指定为贡品。此后几千年的漫长岁月中，南珠一直驰名海内外，也形成了独具魅力的南珠文化。

老字号
蚝

国家历史文化名城

北海有着深厚的文化底蕴，从公元前一百一十一年合浦郡的设立起，至今已有两千一百多年历史。留下了海丝文化、南珠文化、汉郡文化、疍家文化、客家文化等诸多印记。这些文化交相辉映，形成了北海兼收并蓄，开放包容的城市品格。

国家园林城市

北海是一座因『海』与『绿』而灵动的城市。通过城市园林绿化建设，形成了海陆相连，点、线、面相结合，城乡绿化融为一体的和谐优美环境。海天蓝，生态绿，北海多次入选『全国十大宜居城市』榜单。

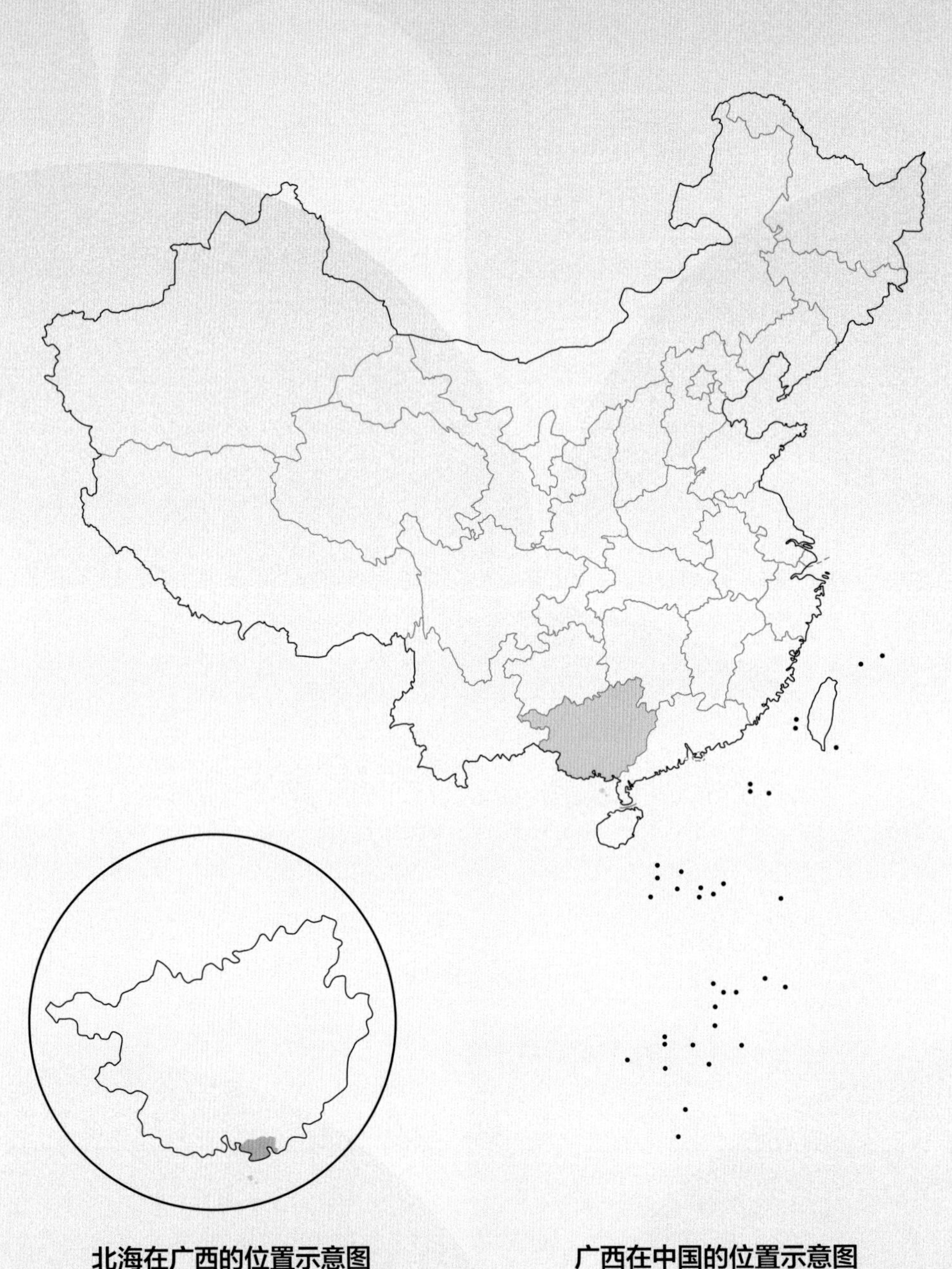

北海在广西的位置示意图

广西在中国的位置示意图

北海概况

地理位置
行政区划
地形地貌
气候
人口民族
经济
交通

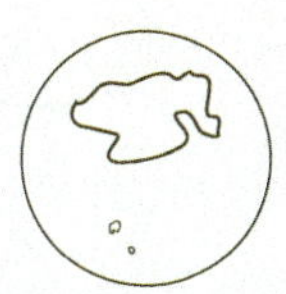

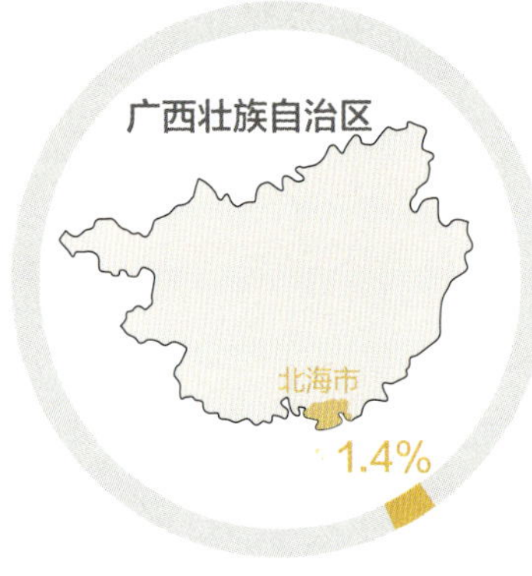

北海市域面积为 3337 平方千米，
占广西壮族自治区面积的 1.4%

地理位置

北海市位于广西壮族自治区东南部、北部湾东北岸，地理位置优越。地域范围在东经 108° 50′ 45″ ~ 109° 47′ 28″、北纬 20° 26′ ~ 21° 55′ 34″ 之间。其东邻广东省湛江市，西、南临海，北接广西壮族自治区钦州市，东北与广西壮族自治区玉林市接壤。

行政区划

北海市辖海城区、银海区、铁山港区和合浦县，市政府驻海城区。

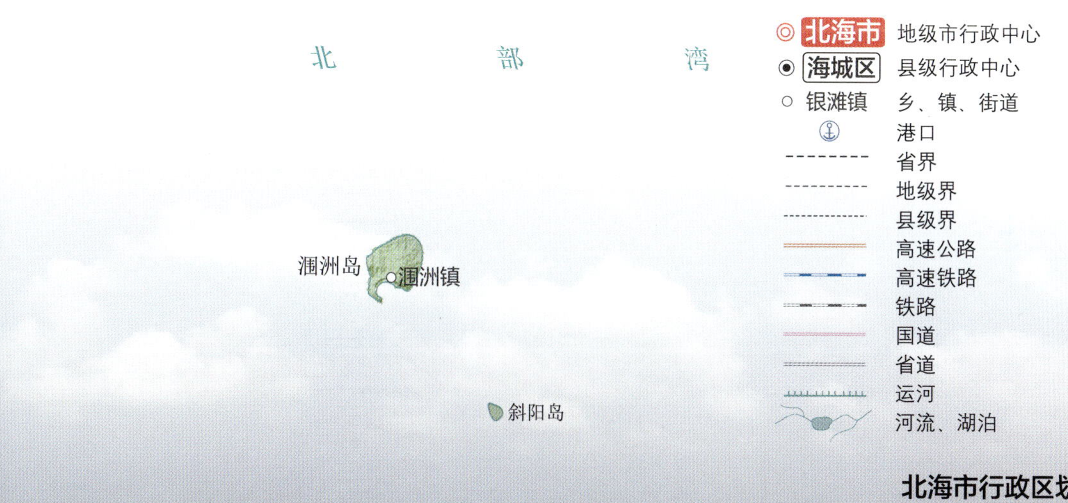

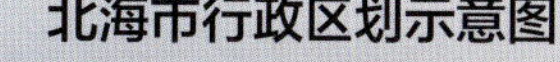
北海市行政区划示意图

北部湾广场航拍

地形地貌

北海市地势从北向南倾斜，市区南北狭、东西长，呈犀牛角状。东北部和西北部多为丘陵，南部沿海地区为台地和平原，南流江下游为冲积平原。陆地部分主要地貌单

元是滨海平原，海岛部分地势南高北低，属火山岩台地。北海市海岸线长 668.98 千米，海岸地貌主要由海蚀地貌和海积地貌组成，分布于北海市陆地、涠洲岛、斜阳岛沿岸。

鸟瞰北海外沙

北海 气候特点

秋春相连

长夏无冬

夏无酷暑

雨量充沛

气候

北海市属海洋性季风气候区，冬季（每年 10 月至次年 3 月）主要受偏北季风控制，夏季（每年 4 月至 9 月）主要受热带高压、强风和偏南风影响。

蓝天碧海

人口民族

截至 2023 年年末，北海市常住人口为 188.84 万人。北海市有少数民族 43 个，全市少数民族户籍人口 4.5 万人，人口在 1000 人以上的少数民族（户籍）有 3 个：壮族、满族、瑶族。

少数民族姑娘会聚园博园

经济

2023 年北海市 GDP
1750.91 亿元

北海市是中国西部地区唯一列入中国首批 14 个进一步对外开放的沿海城市。

第一产业 **245.13** 亿元

第三产业 **709.62** 亿元

第二产业 **796.16** 亿元

2023 年北海市实现旅游总消费
663.80 亿元

北海侨港镇

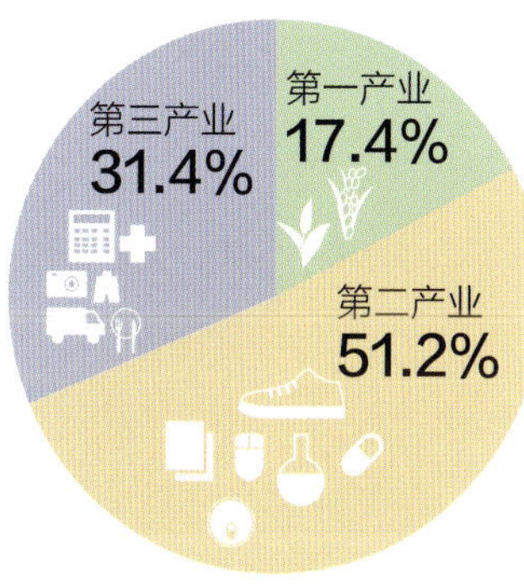

北海市 2006 年
三次产业结构比例

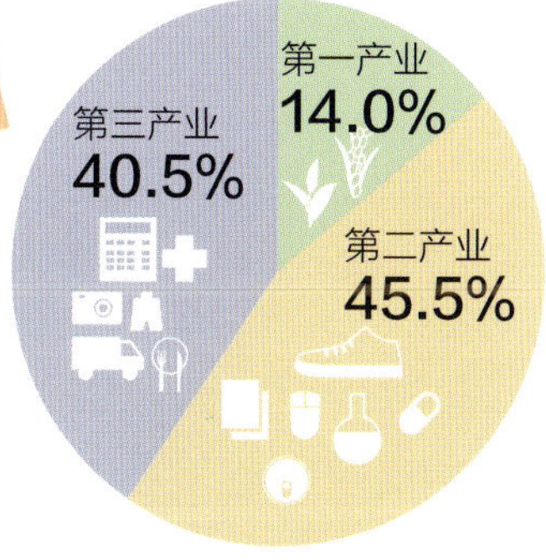

北海市 2023 年
三次产业结构比例

农业

北海市农业稳步发展，形成以水稻、玉米、红薯等粮食作物，豇豆、辣椒、番茄、冬瓜等蔬菜，香蕉、鸡嘴荔、夏橙、火龙果、反季节西瓜和甜瓜等水果为主的特色种植业结构。2023 年，北海市大棚面积达 4.2 万亩，位居广西壮族自治区第一。北海市是广西最大的南菜北运蔬菜生产基地。北海市海产品也很丰富，2023 年全市水产品总量 125.65 万吨。

北海市 2023 年主要农产品产量

粮食 32.15 万吨
比上年增长 1.10%

油料 5.41 万吨
比上年增长 6.90%

甘蔗 287.28 万吨
比上年下降 0.70%

木薯 26.41 万吨
比上年下降 0.50%

蔬菜 140.25 万吨
比上年增长 4.80%

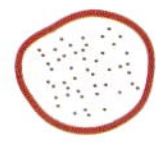
水果 19.66 万吨
比上年增长 5.80%

生猪出栏 95.38 万头
比上年增长 4.90%

家禽出栏 3293.17 万羽
比上年增长 4.0%

肉类总产量 13.43 万吨
比上年增长 4.90%

北海市合浦县党江镇赶鸭忙

工业

北海市坚持强龙头、补链条、聚集群的思路，初步形成高端玻璃及光伏材料、绿色化工、电子信息、新材料及高端设备制造、高端造纸、能源六大主导产业集群。目前，六大主导产业中已投产、已开工和即将开工的龙头项目共 37 个，总投资超过 5000 亿元，全部建成达产后年产值预计达 7500 亿元。未来，北海市将积极打造全球最大的智能电视机、高端玻璃及光伏材料、高端造纸三大产品生产基地。

2023 年，北海市规模以上工业总产值
排广西壮族自治区第三位

六大主导产业
产值同比增长 29.2%
占北海市规模以上工业总产值的 81.7%

纳入自治区“双百”项目
（指投资超过 100 亿元或产值超过 100 亿元的重大产业项目）16 个
项目数和投资额均列广西壮族自治区第一位

合浦白沙海上光伏发电

交通

北海市是北部湾经济区城市之一，也是中国西部地区唯一同时拥有深水海港、全天候机场、高速铁路和高速公路的城市。北海福成机场已开通至北上广深及全国其他主要城市航线。在北海站乘坐动车最快约 66 分钟即可到达南宁市，交通十分便捷。

北海市综合交通运输十四五规划图

向海大道立交桥

海丝古城

采珠千年
海北雄藩
古港兴衰

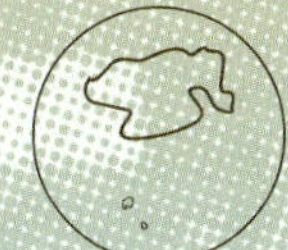

北海历史沿革图

史前

- 早在5000多年前就有人类在北海地区生产生活，遗存的新石器时代遗址有西沙坡遗址、牛屎环塘沙丘遗址和清水江遗址，出土有新石器时代的石器、贝壳等

波斯陶壶

先秦

- 北海为“百越”之地

秦

- 秦始皇三十三年（前214年），秦平岭南后，设南海、桂林、象三郡，北海一地属象郡
- 秦始皇三十三年（前214年），南海郡尉任嚣卒，赵佗接任并自立为南越王

西汉

- 西汉元鼎六年（公元前111年），汉武帝灭南越国，设南海、苍梧、郁林、合浦、交趾、九真、日南、珠崖、儋耳九郡。此后，北海长期属合浦郡合浦县地

罗马玻璃碗

三国

- 北海为吴国属地
- 吴黄武七年（228年），改合浦郡为珠官郡
- 吴太元二年（252年），珠官郡复为合浦郡，隶属交州，统辖合浦、南平、毒质、珠官、徐闻、荡昌六县

南朝

- 南宋泰始七年（471年），置越州，合浦
属越州，统合浦、徐闻、珠官、荡昌、
卢、晋始、新安七县

隋

- 开皇九年（589年），废合浦郡设置越州
- 大业三年（607年），恢复设置合浦郡

唐

- 武德五年（622年），合浦郡更置越州
- 贞观八年（634年），改越州为廉州

白龙珍珠城

五代

- 南汉大宝五年（962年），改合浦县为媚川都

宋

- 北宋开宝四年（971年），撤媚川都，所辖县地隶属
- 北宋太平兴国八年（983年），廉州更置为太平军，
浦县并入石康县境
- 北宋咸平元年（998年），撤太平军，重置廉州，
浦、石康二县，隶属广南西路

元

- 至元十五年（1278年），廉州更置为廉州路安抚司，隶属湖广行中书省
- 至元十七年（1280年），改置廉州路总管府
- 至元二十八年（1291年），改置海北海南道肃政廉访司，领合浦、石康二县

明

- 洪武元年（1368年），湖广行中书省析置为广东、广西行省，改廉州路为府，领合浦、石康二县。廉州隶属广东行省，这是北海境属广东的开始

海角亭

清

- 康熙元年（1662年），设北海镇标，驻北海，这是北海地名始见
- 咸丰六年（1856年），珠场巡检移驻北海
- 光绪二十年（1894年），以遂溪县属的涠洲岛归辖合浦
- 光绪三十三年（1907年），暴发钦廉防城起义，廉州成为推翻清王朝的革命策源地之一
- 宣统三年（1911年）11月，廉州独立，成立廉州都督分府，同时议设北海自治会，属合浦县

华民国

- 1912年，广东全境推翻清王朝统治，废廉州府，成立广东省钦廉军政分府，后又改称钦廉绥靖处，辖原廉州府境。北海同时成立自治会行使管理市政职权，下辖第三、第四行政区

中华人民共和国

949年12月4日，北海解放

950年5月，设北海镇人民政府，属合浦县领导

951年1月，北海镇改为地级市建制；3月，成立北海市人民政府，属广东省政府领导，辖城区、郊区2个政府，5个区公所。

956 年4月，北海市改为县级市

965 年6月，划归广西壮族自治区，由钦州专员公署管辖

983年10月，恢复北海地级市建制

984年9月，撤销公社，恢复区、乡（镇）建制，辖海城、郊区2个和地角、新港（后改侨港）、涠洲3个镇，高德、西塘、咸田3个乡

987年，合浦县从钦州地区行政公署划归北海市管辖

995年2月，撤销郊区，设立银海区，原属合浦县的福成镇划入银海；增设铁山港区，由原合浦县的南康、营盘及增设的兴港镇3个镇成。至此，北海市行政区划为合浦县、海城区、银海区、铁山港区

北海关大楼旧址

采珠千年

合浦历史沿革表（一）

秦

州郡名「象郡」

秦始皇帝三十三年（公元前二一四年）统一百越，设置南海、桂林、象郡，合浦是象郡辖地。秦末汉初，赵佗占据南海、桂林、象郡三郡称王，号称南越国，合浦属南越。

西汉

州郡名「象郡」

西汉元鼎五年（公元前一一二年）四月，南越宰相吕嘉造反，杀死汉朝使者，同年秋，汉武帝刘彻派遣伏波将军路博德、楼船将军杨仆等人讨伐南越。

州郡名「合浦」

治所「徐闻」

西汉元鼎六年（公元前一一一年）十月，汉灭南越，划出南海、象郡交接的地方设置合浦郡。辖区相当于今横县南部，容县、玉林南部，合浦、北海及广东湛江、茂名、阳江等县市。

在中国的版图上，它的含义就是江河汇集于合浦这个名称从此出现

采珠溯源

大约在公元前17世纪初，商汤命伊尹“作四方令”征集各地贡品。《商书·伊尹朝献》：“……于是为四方令曰：‘臣请正东符娄、仇州、伊虑、沤深、九夷、十蛮、越沤，剪发文身，请令以鱼皮之鞞、鲗之酱、鲛盾、利剑为献；正南瓯、邓、桂国、损子、产里、百濮、九菌，请令以珠玑、玳瑁、象齿、文犀、翠羽、菌鹤、短狗为献……’汤曰：‘善’。”文中提及的十蛮、损子、产里等地名，就是包括合浦地区在内的古越族群居地，该地区彼时即被列为向商王朝纳贡的辖地。

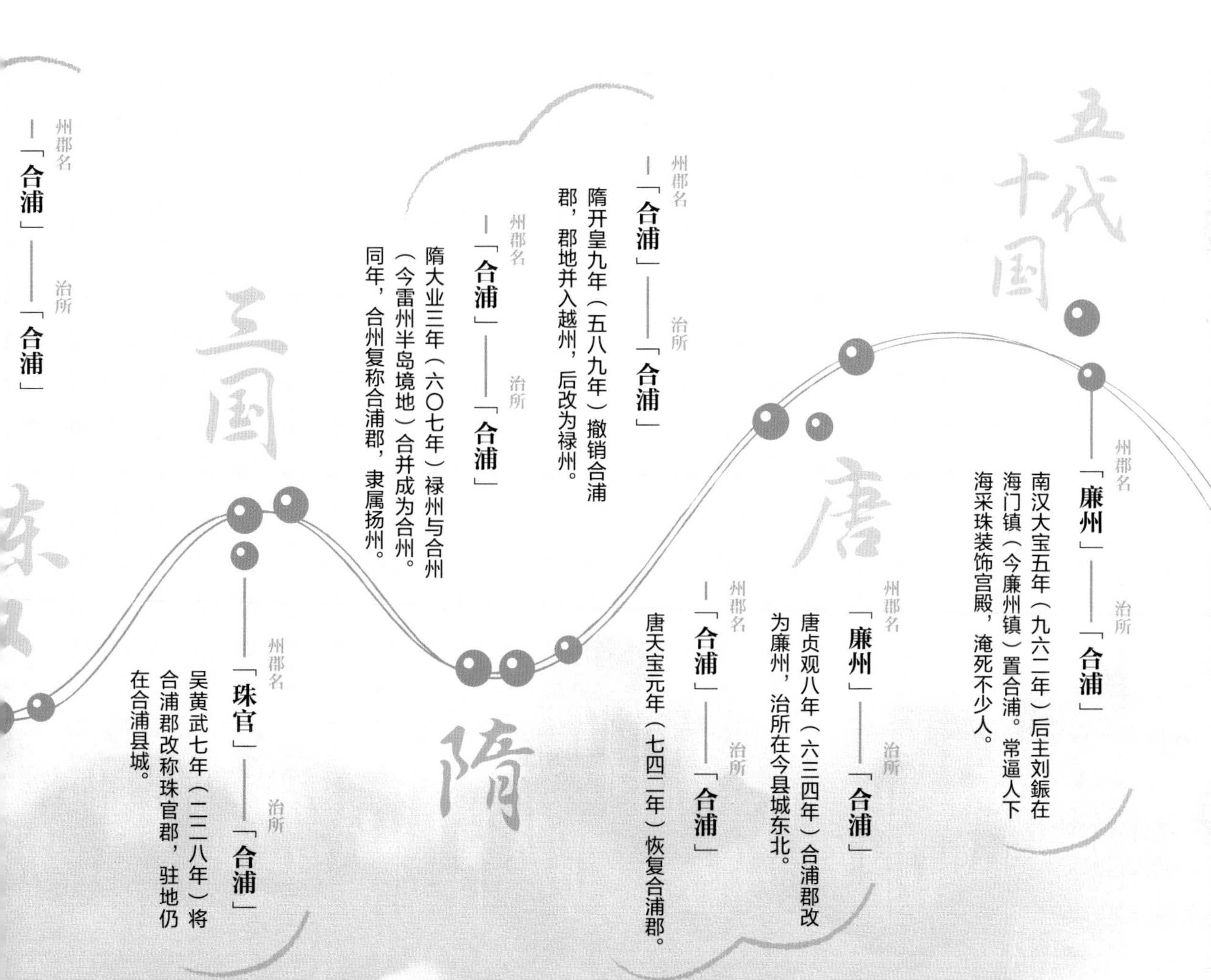

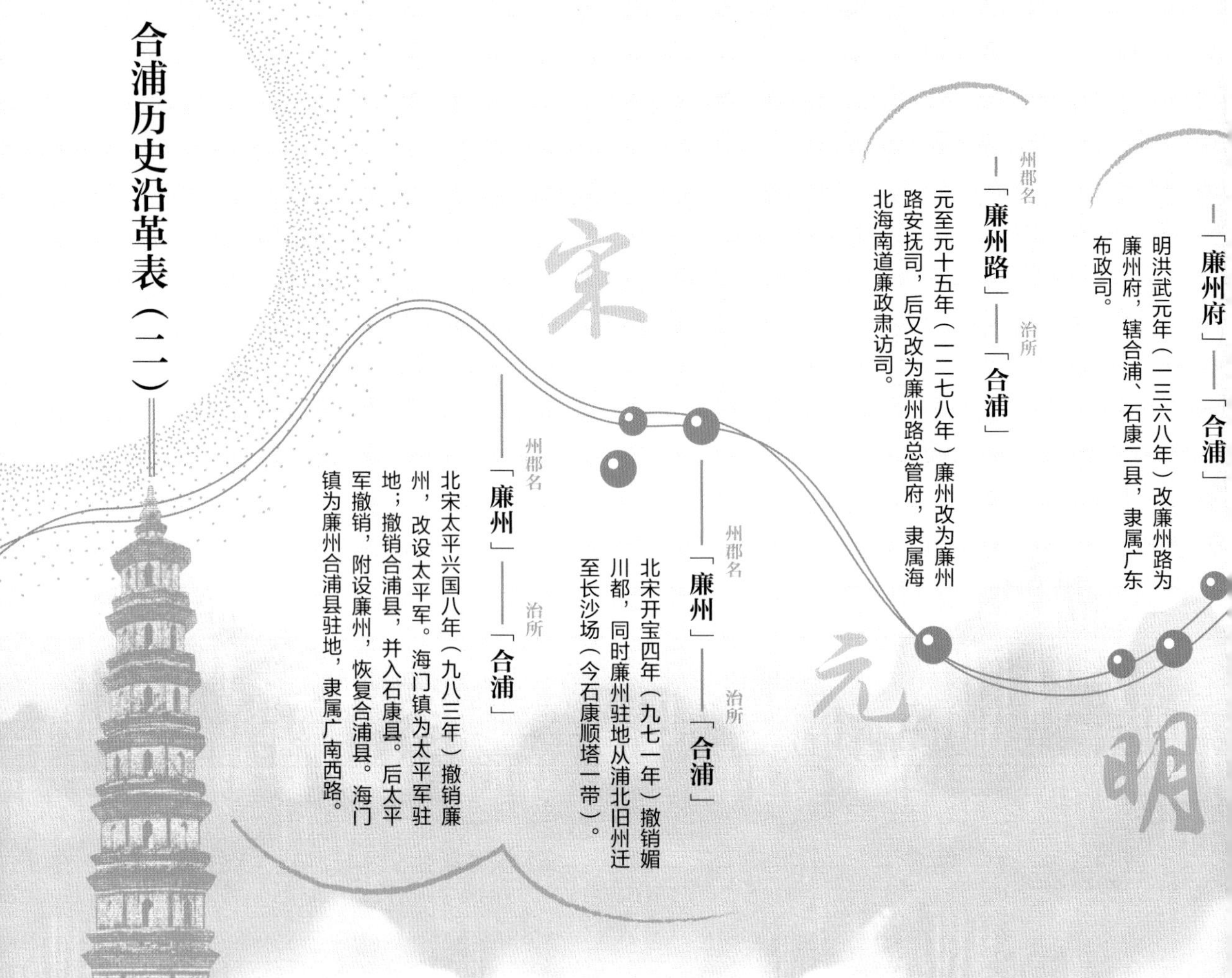

据《汉书》《西汉会要》等典籍记载，汉代就设有采珠玉金银之官，但初时，采珠官员并不介入采珠业，而是专门负责朝廷宫室及朝廷重大庆典的珠宝采购工作。如《汉书·地理志》中记述的汉武帝派出“与应募者俱入海市明珠”的官员，就是担负着为朝廷采珠任务的官员。这些采珠官员虽然不参与地方采珠业，却对地方的珍珠物产非常了解，是朝廷掌握珍珠产业信息的重要渠道。

两汉期间，大批朝廷重臣乃至皇亲国戚遭贬斥会首先被遣送至合浦，抵达合浦的这些被贬官员逐渐将采珠置产作为解决生计的重要途径。最

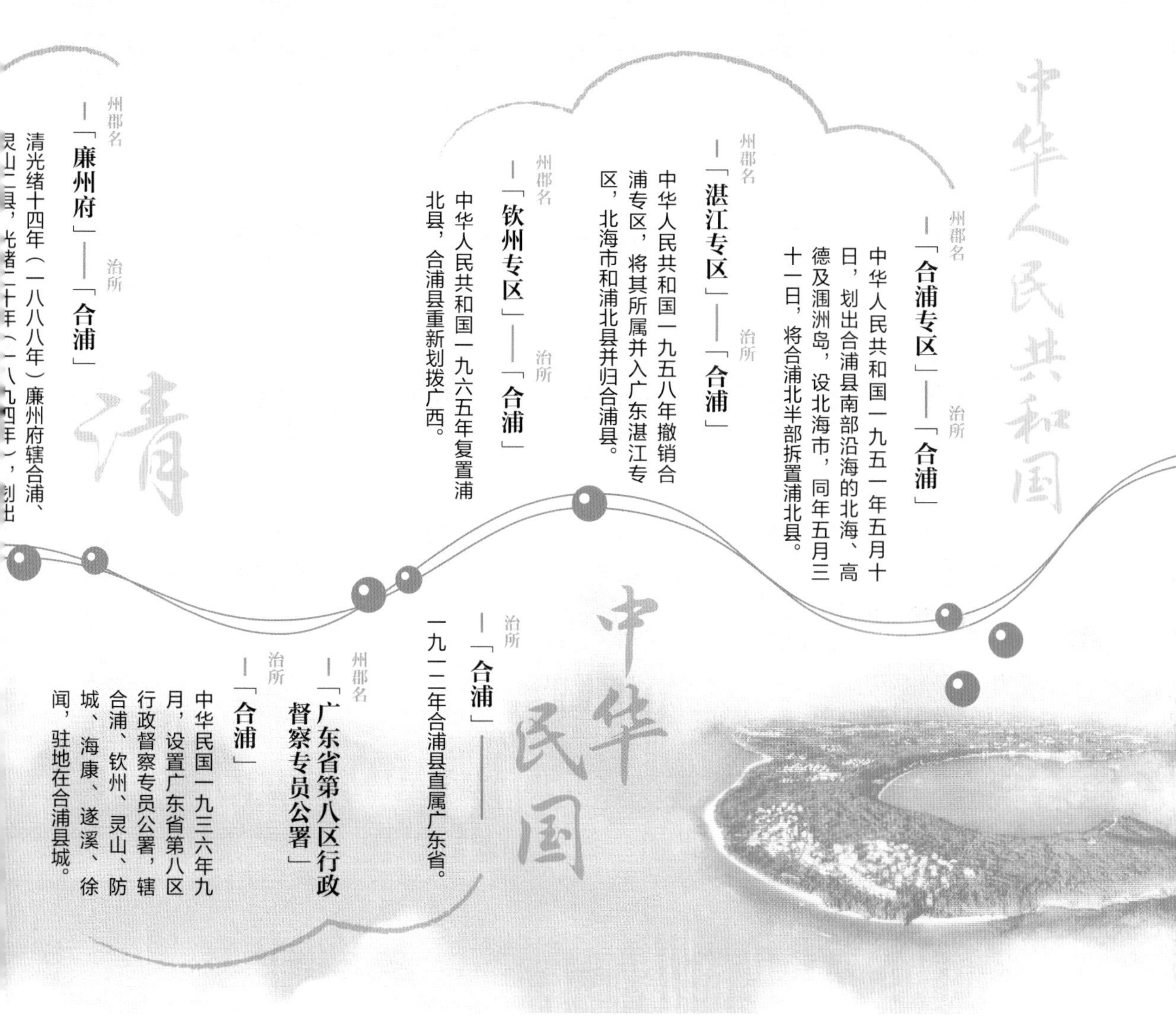

有代表性的就是汉成帝时京兆尹王章的妻子，因王章被大将军王凤陷害致死，王章之妻被贬斥合浦安置，她在合浦采珠数年，“致产数百万”。

据载，历史上采珠最多的时期是明弘治年间，其间采得天然南珠28000两，将近1吨。在今铁山港区尚有白龙珍珠城遗址，遗址城墙由珍珠贝壳、泥和砖石组合垒成，可见古代采珠规模之大。

古人的采珠方法较为原始，主要采用潜水采捞，即采珠人先用长绳缚住腰，携带竹篮深潜至海底，把采到的珠蚌放到竹篮里，然后摇动绳子，船上的人就把采珠人连人带竹篮快速拉上水面。用这种方法

《天工开物》所载采珠法

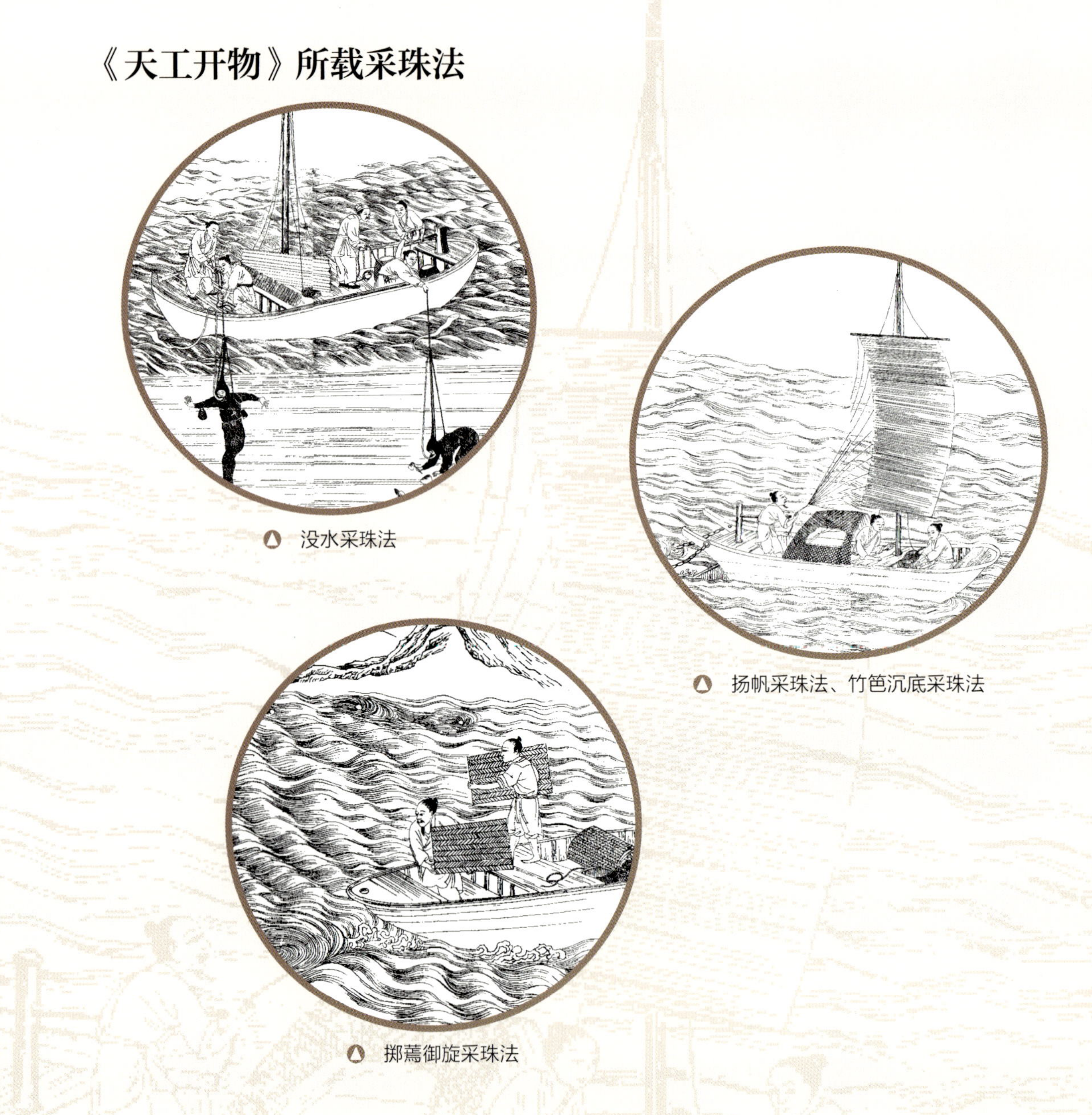

没水采珠法

扬帆采珠法、竹笆沉底采珠法

掷荐御旋采珠法

采珠很危险，采珠人不仅有缺氧的可能，还得防御鲨鱼袭击。南宋静江知府范成大所编《桂海虞衡志》一书中，是这样记述古代采珠状况的："惟蜒（蜒通疍）能没水探取。榜人以绳系其腰，绳动摇，则引而上。先煮毳衲极热，出水急覆之，不然寒栗而死。或遇大鱼蛟鼍诸海怪，

珠池位置分布图

合浦产珠海域即为"珠母海"。珠母海之名，初见于《旧唐书·地理志》："廉州合浦有珠母海，郡人采珠之所。"珠池之名，最初见于唐代广州司马刘恂的《岭表录异》："廉州边海中有洲岛，岛上有大池，谓之珠池。"历史上曾经出现众多的珠池，今据"廉州五池、雷州一池"的说法，以现在的地名对照，列位置示意如上图所示。

为鬐所触，往往溃腹，折支，人见血一缕浮水面，知蜓死矣。"明代著名科学家宋应星在其所著《天工开物》中，还记述了几种在珠池采珠的改良方法：扬帆采珠法、竹笆沉底采珠法、没水采珠法、掷荐御旋采珠法等。

珠贡徭役

合浦珠池所蕴含的巨大的经济社会效益，促使各朝皇室对合浦采珠进行严格管控。三国时合浦郡改称珠官郡，三国、晋、南北朝，合浦县先后改称珠官郡、珠官县，唐代设珠池县。晋武帝派兵镇守珠池，不准百姓入海采珠。而在珠池建立专职的管理部门，始于元代建立的采珠

合浦三国时期地图

白龙珍珠城遗址

提举司。迨至明朝，设有珠场巡检司，派有太监专管采珠。明嘉靖年间更是在合浦县白龙村建立珍珠城，设专门机构管理珍珠。

虽然明朝有明文规定："守珠池中官，诏毋得预守土事。"然而，由于采珠钦差内官可以直接介入珠池的管理环节，地方官府为了迎合这些钦差内官，相互勾结，欺上瞒下，荼毒珠民。一些珠民铤而走险聚集采珠只为生计，可官府和采珠钦差内官却将这些珠民为求生而采珠的行为诬称为"盗珠"，珠民被诬称为"珠盗"，由此激化了珠民与官府的矛盾，导致发生武装冲突。在明代的史籍文献中，关于朝廷与"盗珠""珠盗"发生冲突的记录不绝于牍。廉州府疍民首领苏观升、周才雄发动的合浦珠池珠民大起义，前后历时六年之久，是规模最大的一次反抗行动。

南珠监管历史大事记

汉

孙权垄断开采，换取军事物资

● 东汉末年，士燮家族治理交州，合浦郡属交州管辖。士燮任交州刺史兼交趾太守，其弟分任南海、合浦、九真太守。士燮为争取孙权的支持，常派使者向孙权送去大量杂香、细葛和明珠、大贝、琉璃、翡翠、玳瑁以及犀、象等珍宝。取得合浦的统治权后，孙权更是垄断了珍珠的开采权，禁止民间捕捞。所采得的珍珠，被孙权用来换取曹魏的战马。

铜马（西汉）

晋

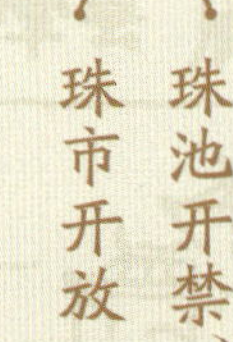

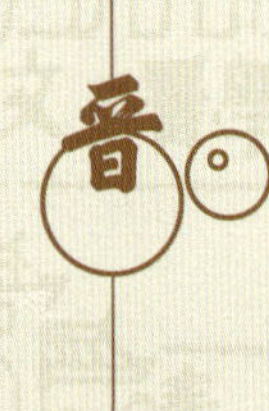

珠池开禁、珠市开放

● 司马炎建立西晋王朝的第二年，即“诏定兵防珠禁”，制定采珠税赋制度。据《晋书·陶璜传》记载，陶璜时任交州刺史，他上书晋武帝司马炎，奏请一道题为《上言宽合浦珠禁》的奏折，司马炎听从了陶璜的意见，重新开放了珠池，让珠民得以采珠谋生。

唐

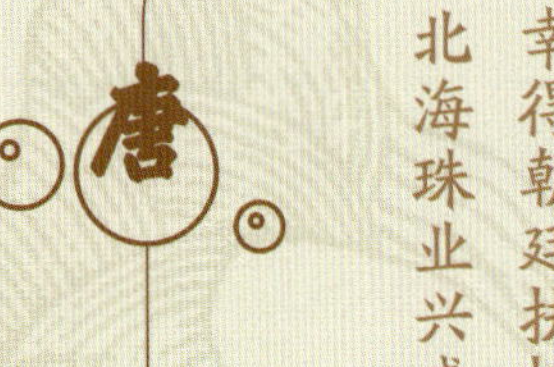

幸得朝廷扶持，北海珠业兴盛

● 唐贞观六年（632年），唐太宗将合浦郡改为廉州之前，专门以珠池名在合浦设置了珠池县，其行政区域在今北海市区内。虽然珠池县的建制时间短，至贞观十二年（638年）就撤销了，但由此可见合浦珠池的历史地位。

● 唐咸通四年（863年）七月，唐懿宗下旨：“廉州珠池与人共利。近闻本道禁断，遂绝通商，宜令本州任百姓采取，不得止约。”

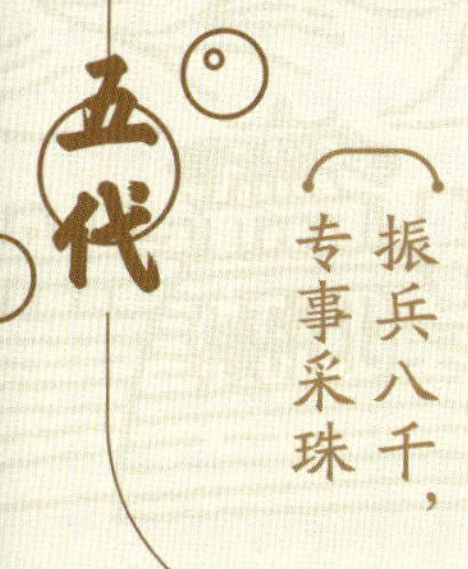

五代

振兵八千，专事采珠

● 南汉刘鋹把合浦县改为媚川都，设“珠场司”专官，派兵士八千人常驻合浦沿海，控制采珠；定出极其繁重的上贡珠税；还特地在“合浦郡城南”建了一座指挥中心——媚川馆，专营采珠和管制珠民，由此开辟了军事化管理珠池的先例。

宋

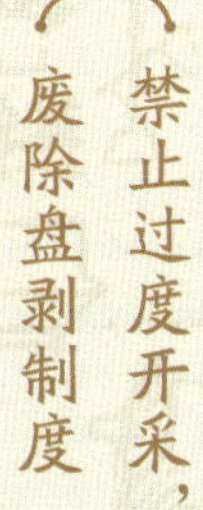
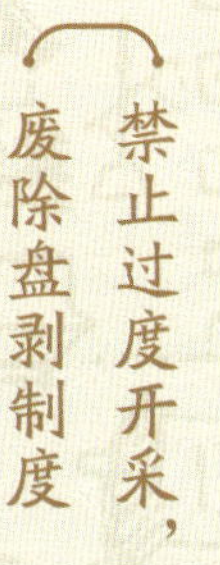

禁止过度开采，废除盘剥制度

● 宋朝建立，宋太祖赵匡胤废除了媚川都，禁罢岭南采珠，对珠池采取宽松的管理措施，基本沿袭唐代的方式。据《文献通考·卷十八·征榷五》载：“太平兴国二年贡珠百斤。七年贡五十斤，径寸者三。八年贡千六百一十斤，皆珠场所采。”

元

管理有度，福被后世

● 元朝统治者在珠池及采珠管理上颇有作为，其中的三项措施都对后世产生了积极的影响：

● 一是建立了采珠提举司机构，把珠池管理和采珠事务纳入了朝廷的日常管理。

● 二是取消了对疍民不得上岸居住的限制，允许疍民上岸居住耕田。而当时的疍民中大部分都是“珠疍”，即以采珠为生的疍家人。

● 三是在廉州府外的杨梅岭修建杨梅寺，用作珠民采珠祭祀海神和珠神的庙宇，是官方指定的祭海祭珠池的庙宇。杨梅寺今遗址犹在，遗址中残留有硕大的鼎形香炉和石雕莲花托、石烛台、石础座、础柱、古城砖、形状不一的石件以及陶瓷构件，从形状造型依稀可辨杨梅寺往昔的规模。

明

建城采珠，过度搜刮

● 自朱元璋开始，朝廷采取措施强化珠池的军事控制。明朝是史上搜刮南珠最多的朝代，有记载的采珠有27次。史载，明弘治十二年（1499年），费银万余两，采珠2.8万两。明万历二十七年（1599年），费银6000两，得珠2100两。明洪武七年（1374年），在今合浦县城廉州东南35千米处的白龙村建造白龙城。之后，分别在雷州遂溪县沿海建乐民城，在合浦县廉州东南86千米处的永安村（现属山口镇）建永安城。这三城都是边防军事基地和采珠管理机构所在，又有珍珠城之称。与此同时，明朝政府又在合浦沿海设十八寨处，加强沿海军事防卫和珠池监控。

清

管控放宽，却无珠可采

● 清康熙初年（1662年）管控珍珠的专门机构珠场巡检司从白龙移到南康，再从南康移到北海。官府以北海命名的最早的行政机构，就是清朝设置的“北海珠场巡检司”。这种建制，旨在海防。

● 康熙三十四年（1695年），清廷下诏在合浦试采珍珠，因所得无几，次年罢采。

● 乾隆十七年（1752年）9月，清廷命于合浦珠场采珠，也因无所得而作罢。

采珠遗迹——白龙珍珠城

白龙珍珠城位于铁山港区营盘镇西部的白龙村，距北海市区 30 多千米。据说，古时有一条白龙在该地上空飞旋，落于地面瞬息不见踪迹，当地人认为白龙降临乃舆地之福，故将此地命名为白龙村。

始建于明洪武初年的白龙城，原是为了抗倭而设的一处防御千户所，也称白龙防御千户所。但白龙城附近海域出产的南珠数量多、质量好，为历代朝廷所专用。朝廷为防止民间私自采珠，委派驻军前往镇守珠池，驻军当时就驻扎在白龙城内，朝廷还在城中设置采珠太监公馆、盐署办公衙门等机构。为抗倭而设的这处防御千户所，逐渐被“白龙珍珠城”的称呼所替代。

白龙珍珠城遗址中的太监庙

白龙珍珠城的规制宏大，设施功能齐备。据考古发掘测算，白龙珍珠城平面呈长方形，坐北向南，南北长 321 米，东西宽 233 米，面积约 75000 平方米。古城内的街道布局设置以东南西“三行”为主，“三行”分别指鱼行、鸡行、米行三条主要南北走向的街道。如今与南门相对的中街还算基本完整，尚可从中依稀看到当年的格局。南门东侧，依次是防御千户所衙门、采珠太监公馆、珠场巡司衙门、盐场大使署、水师都守署等。

白龙珍珠城在建城过程中，充分考虑了地处海岸丘陵的黄砂土层地质特征，结合本地无山少石的资源状况，采取了三合土材料（即用石灰、狗牙沙、黄粘泥混合）的夯墙方法。为了增强墙体的坚固性，还加进适当的桐油、土制板糖和糯米粉。由于当地缺乏狗牙沙，而积累存留有大量的珍珠贝壳，因此在拌制夯墙材料时，就用珍珠贝壳代替狗皮砂。由于珍珠贝壳形状凸凹不一，与石灰、黄粘泥混合夯实后，更有利于相互“咬紧”粘合，增强了墙体的紧密性与坚固性，由此形成了白龙珍珠城城墙中有大量的珍珠贝壳存留的现象。白龙城城墙每夯一层黄土就加一层珠贝的独特现象，也正反映了当年盛产珍珠的状况。由于利用珍珠贝壳作夯墙材料是就地取材，成本低，故城内的一部分民居也采用此方法夯墙建造房屋，至今城内尚存留有以珍珠贝壳与石灰、黄粘泥三合土夯制墙体的民居。

白龙珍珠城这种特殊的珍珠贝壳城墙里面，保存了大量的古珠贝，在构成了独一无二的建筑景观的同时，也为后世研究古代孕育南珠的特定珍珠母贝——合浦马氏珠贝的物质结构及生长形态，提供了难得的物质遗存，具有不可代替的科学考证价值。

龙 珠
合浦人向有得一龙珠者，不知其为宝也，以之易粟。其人纳之口中误吞之，腹遂胀满不能食。数数入水，未几遍体龙鳞，遂化为龙，所居室陷成深渊，故今谓之龙村。
珠 价
凡珠岁有丰耗，多得者谓之珠熟，少曰珠荒，然古时珠贱今珠贵，古时合浦人以珠易米，珠多而人不重。今天下人无贵贱皆尚珠，数万金珠，至五羊之市，一夕而售。
祭珠神
凡采生珠，以二月之望为始，珠户人招集蠃夫，割五大牲以祷，稍不虔洁，则大风翻搅海水，或有大鱼在蚌蛤左右，珠不可得。又复望祭于白龙池，以斯池接近交趾，其水深不可得珠，冀珠神移其大珠至于边海也。
南 珠
合浦珠名曰南珠，其出西洋者曰西珠，出东洋者曰东珠。东珠豆青白色，其光润不如西珠，西珠又不如南珠。南珠自雷、廉至交趾，千里间六池，出断望者上，次竹林，次杨梅，次平山，至汗泥为下，然皆美于洋珠。
屈大均《广东新语》
论白龙珍珠
珠 池
合浦海中，有珠池七所，其大者曰平江、杨梅、青婴，次曰乌坭、白沙、断望、海猪沙，而白龙池尤大。其底皆与海通，海水咸而珠池淡，淡乃生珠，盖月之精华所注焉。故珠生池中央者色白，生池边者色黄，以海水震荡，咸气侵之，故黄也。

白龙珍珠城现存的南门遗址是 1992 年在原址上重新修建的

诗词里的南珠文化

南珠是合浦珠的别称。在诗作中使用南珠素材，大约起源于南北朝时期，最早见于吴均的“无因停合浦，见此去珠还”，以及沈约的“盈尺青铜镜，径寸合浦珠。无因达往意，欲寄双飞凫”等诗句。此后直至清朝，以合浦南珠为素材的诗歌逾百首，作者大多为官员，也有少数江湖文人，而且名家辈出，有沈约、李峤、张说、王维、杜甫、李贺、王建、钱起、元稹、苏轼、秦观、郭祥正、陆游、张镃、刘克庄、周必大、冯梦龙、屈大均、李鹰、陈陶、陶弼、李复等，可谓星光璀璨、熠熠生辉，也由此可见合浦南珠文化在历代文人心目中的分量。

“珠还合浦”的典故经过多年演绎，逐渐跟廉政美政、失物复还、怀才不遇、受贬重归甚至爱情产生关联，衍生出丰富的含义。这类作品在以合浦南珠为素材的诗歌中所占的比例最高，且主要集中于唐宋时期，如“无贪合浦珠，念守江陵橘”“闻道牂江空抱珥，年来合浦自还珠”等。

除此之外，还有少量诗歌以合浦南珠为衬托，赞颂别的事物，如“易求合浦千斛珠，难觅锦江双鲤鱼”就是用合浦南珠来抬高锦江鲤鱼的价值。

南珠诗歌由于意象丰富，境界深远，且作品多出自名家之手，一直被广为传诵，经久不衰。南珠诗歌通过文学的形式记录了一千多年来南珠形象的变迁以及南珠文化对历史人文的影响。这些诗歌有力地证明了历史上的南珠文化对我国文学以及人文精神所作出的贡献。

《送邢桂州》节选

王维

日落江湖白，潮来天地青。
明珠归合浦，应逐使臣星。

《采珠行》

元稹

海波无底珠沉海，采珠之人判死采。
万人判死一得珠，斛量买婢人何在。
年年采珠珠避人。今年采珠由海神。
海神采珠珠尽死，死尽明珠空海水。
珠为海物海属神，神今自采何况人。

《题冯通直明月湖诗后》节选

苏轼

闻道牂江空抱珥，年来合浦自还珠。
请君多酿莲花酒，准拟王乔下履凫。

《寄东坡先生自朱崖量移合浦》

郭祥正

君恩浩荡似阳春，海外移来住海滨。
莫向沙边弄明月，夜深无数采珠人。

海北雄藩

廉州故城

廉州府城原为西汉元鼎六年（公元前111年）所设合浦郡之合浦县的治所。唐武德五年（622年），合浦郡改称为越州。唐贞观八年（634年），越州改称为廉州，廉州自此得名。

廉州府的地位极为重要，其“南滨大海，西距交趾，固两粤之藩篱，控蛮獠之襟要，珠官之富，盐池之饶，雄于南服”。南汉大宝五年（962年），后主刘鋹在海门镇（今廉州镇）设置媚川都，专管采珠。北宋太平兴国八年（983年），撤销廉州，改设太平军，驻地海门镇。咸平元年（998年）撤销太平军，复设廉州。廉州和合浦县驻地均在海门

南滨大海

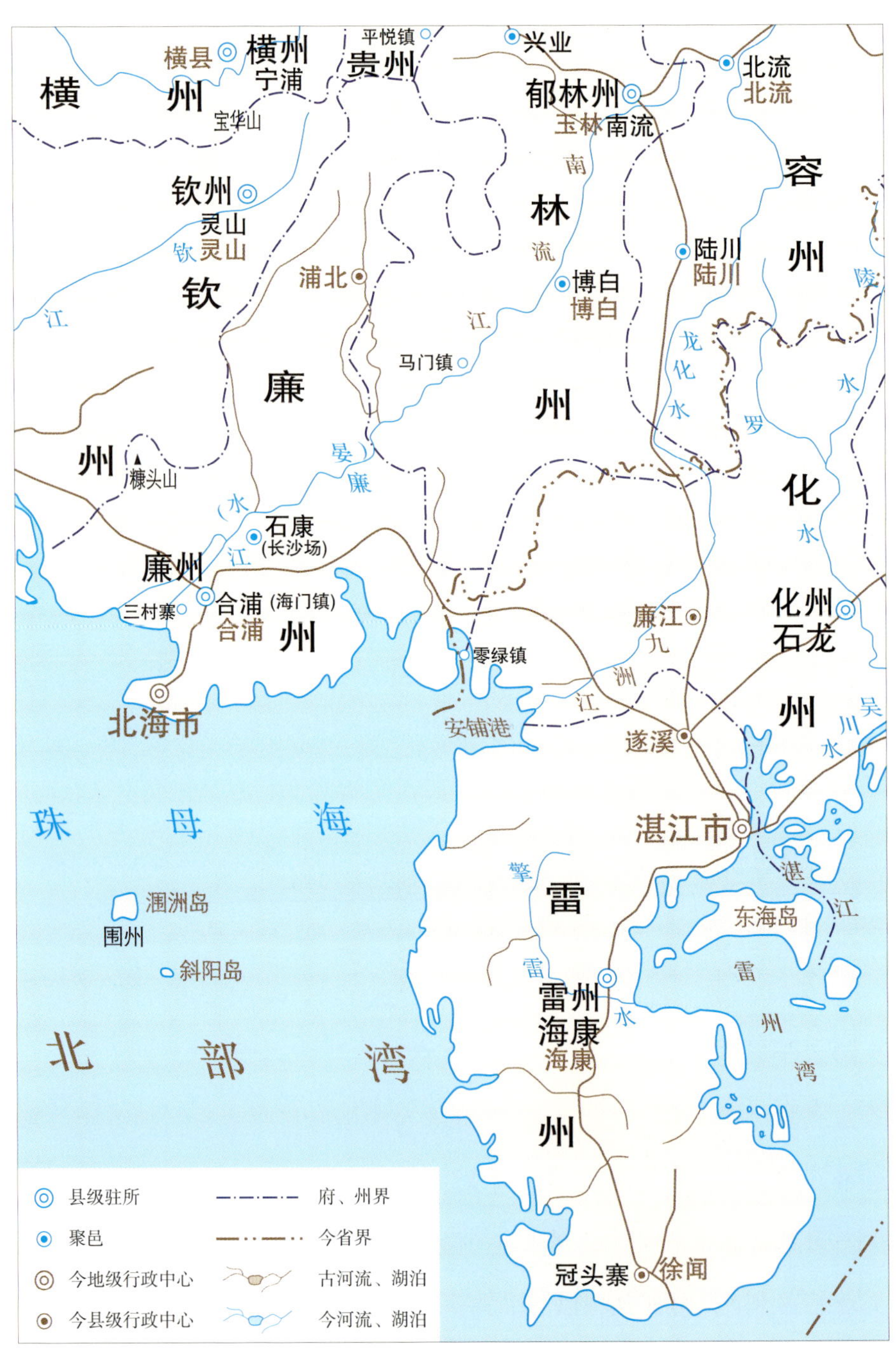
县级驻所
聚邑
今地级行政中心
今县级行政中心
府、州界
今省界
古河流、湖泊
今河流、湖泊
横州
横县
横州
宁浦
贵州
平悦镇
兴业
郁林州
玉林
南流
北流
北流
容州
钦州
灵山
灵山
钦州
廉州
林州
陆川
陆川
博白
博白
浦北
马门镇
化州
石康
(长沙场)
廉州
合浦
(海门镇)
合浦
三村寨
北海市
零绿镇
廉江
化州
石龙
安铺港
遂溪
湛江市
珠母海
涠洲岛
围州
斜阳岛
雷州
雷州
海康
海康
东海岛
雷州湾
北部湾
冠头寨
徐闻

北宋时期廉州地图

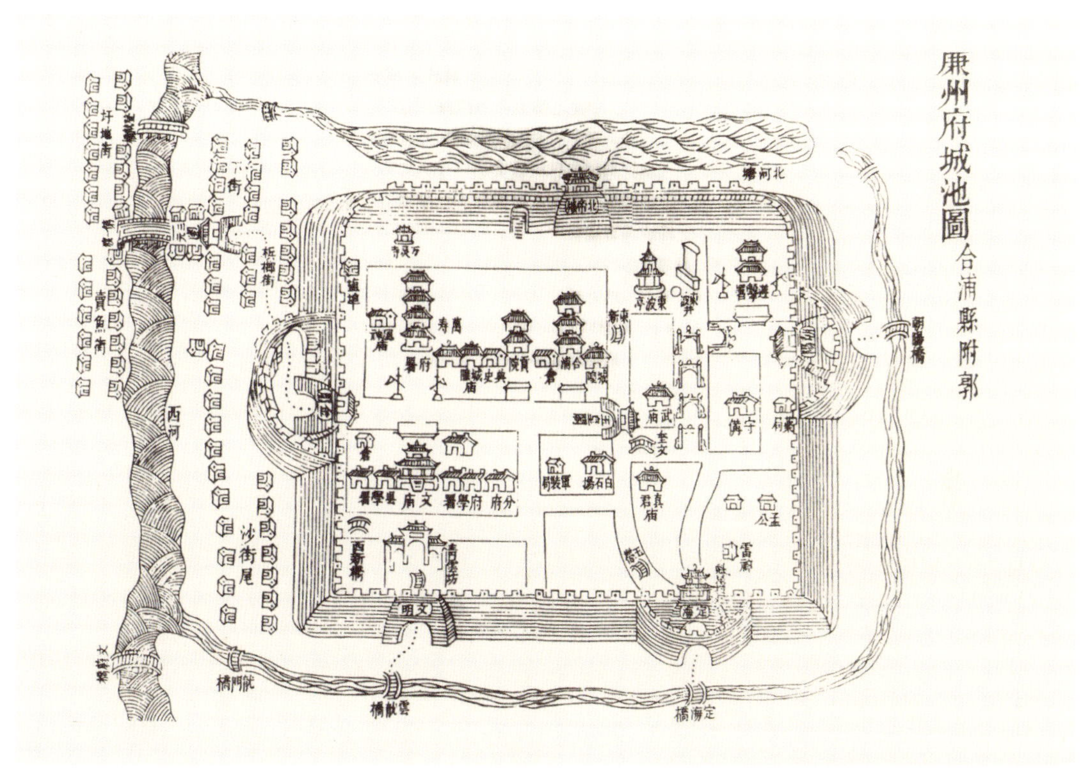

清道光十三年（1833 年）《廉州府志》中所刊廉州府城池图

镇。廉州辖合浦、石康二县。自此，廉州成为“扼塞海北，远镇交南，岭外诸郡之莞枢”。清初沿袭明制，后期并入雷州府的涠洲岛、斜阳岛和越南的京族三岛。

现在的廉州故城前身，是北宋将廉州驻地迁至海门镇后于元祐年间大规模所筑的土城。自明宣德年间起，廉州城由土墙改为砖墙，新城高大威武，防守功能大为提升，所筑城墙以现在的城基西路（北）、城基东路（东）、解放路（南）、西华路（西）为界址，这也奠定了后来廉州城内城的规模，城外历经多年陆续建起亭榭、庙宇和民居等。

明洪武三年（1370 年）在廉州府设立的守御千户所，于洪武二十八年（1395 年）升为廉州卫指挥使司。由于廉州地处军事前线，廉州、永安、灵山、钦州各卫所长期高配委任军官。据崇祯年间《廉州府志》所载，廉州卫指挥使司驻地在府治（今合浦县旧体育场田径场）东，有正堂、后堂、左右厢房，有经历司、土地祠、耳房、库房、仪门、大门。明嘉靖二十五年（1546 年）被飓风毁坏，第二年廉州知府胡鳌重建。廉州卫还有关隘 6 处，大小营寨近百个，墩台 30 多个，海寨近 20 个。现在很多地名都有跟这些营寨有关，比如乌家营、上洋营、白虎墩、白龙墩等。

明清之际，大兴海防。朝廷先后在石康、山口、乾江等地修筑了永安城、红坭城、白坭城，还在冠头岭至乾江港修建了 10 千米长的战垒战壕，更修筑了 6 处炮台，共安置了 30 门 500 ～ 2000 斤的各类大炮，还配备了 20 余艘巡海战舰。清康熙年间，朝廷又在廉州府城设置北海镇标及城守营和廉州总兵府，还在城南郊设乾体水师营，常驻水师人数达 1500 多人，廉州成为名副其实的“海北雄藩”。

永安古遗址

永安古遗址坐落于山口镇西南 7.9 千米处，南临北部湾，至今仍保留着 7 处古遗迹——古城城墙断垣残壁、文衙门遗址、武衙门遗址、永安大井等，9 座古庙——城隍庙、南堂、北堂、孔子庙、北极殿、关圣殿、天后宫、大王庙等，8 幢古建筑——大士阁、古炮楼、黄家大围屋、吴家大院等。

明初，倭寇猖獗，不断侵扰我国沿海地区，百姓深受其害。明洪武二十七年（1394 年），朝廷下诏在全国沿海海防要塞设置卫所，筑城镇守，防御倭寇侵袭，保境安民。其中的永安守御千户所是我国最南端的明代海防要塞，是时建有“城濠、窝铺、门楼。城周围四百六十一

不大的永安村，有 9 座庙宇，而且其中多数都是合浦县重点文物保护单位。现古城内不少居民是明代卫所戍兵后裔，城内仍存部分明、清时期的民居

丈、高一丈八尺，阔一丈五尺，窝铺一十八间，城楼四座，濠周环五百丈”。因其位于北部湾海边，扼“高、雷、琼海道咽喉”，故军事战略地位重要。明成化五年（1469 年），海北道佥事林锦增筑扩建。明嘉靖十六年（1537 年），朝廷把设在涠洲岛的游击营官署移驻永安城，永安防御所的地位和功能就日益突显。为了永安防御所的设施更加完备，朝廷在永安城周边建了烽火台（烟楼）、哨所、炮台、汛兵（站）等，在城内还建了守备公馆、珠池公馆（为内使即太监专设）、社仓（粮仓）、和融书院等。驻在城内的官员除了千户、县丞外，还有守备、指挥、太监及各等官员。经多年经营，永安守御千户所城城高濠深，设施齐备，颇具规模，正式成为明朝雄踞北部湾的海防军事重镇。

永安大士阁

永安古遗址中最负盛名的当属大士阁，俗称四牌楼，因过去在阁内供奉观音大士而得名，为中国距海最近的古建筑之一，得名于万历四年（1576 年），清道光年间曾重修一次，1949 年后曾数次修葺，1980 年重建

明清时期，朝廷在永安城内曾设游击将军、守备指挥、采珠内使、廉防同知、县丞等军政要员的衙门。之后随着军事地位逐渐下降，永安所城遂废。

抗日战争时期，为抵抗日军侵略，国民政府于 1941 年通令沿海拆除城池、碉堡，永安城城墙、城门等大部分被拆，仅存南门、西门、大士阁及部分民居，后南门、西门又遭拆除。现存永安古遗址平面呈方形，面积约 141456 平方米，墙基宽 5.2 米，红土夯筑，古城城廓基本清晰，残存南面城基长约 200 米，高约 1.5 米。

永安古城南面残存城基

永安古城位于北海市合浦县永安村。明代洪武二十七年（1394 年），迁石康守御千户所来此驻守，永乐年间，千户牛铭草创永安城，成化五年（1469 年），海北道佥事林锦增筑扩建。永安城址平面呈方形，面积约 141456 平方米，墙基宽 5.2 米，红土夯筑。原城墙砖基本被拆去建民房，现存南面城墙基高约 1.5 米。城址内有大士阁、城隍庙、箭毒木（见血封喉古木）等古迹

古港兴衰

合浦港：海丝路始发港之一

合浦港是中国古代海上丝绸之路始发港之一。据《汉书·地理志》载，汉武帝遣使者从合浦、徐闻远航至东南亚和南亚诸国，远至印度、

斯里兰卡等地，用丝绸和黄金交换明珠、琉璃等奇珍异宝。到宋、元、明时期，这条航线延伸到波斯湾及非洲北部，这就是著名的南海丝绸之路。

汉元鼎六年（公元前 111 年），汉武帝平定南越国，在南越国故地南流江入海口的一处平坦地带上设立合浦郡，而合浦的意思就是“江河汇集入海的地方”。自合浦登船沿南流江逆流而上，经朱卢（今玉林）转北流江，暂转陆路抵达位于郁水（今浔江）与桂江交汇之处的苍梧（今梧州苍梧），继续逆流过郁水，入潭水至潭中（今柳州潭中）再经西北入榕江，再行一段陆路抵达桂林，经灵渠进入湘江上长沙，入云梦抵江陵，接下来就一路通途，可走陆路，也可经汉水入关中。这便是当时合浦直达中原最便捷的通道。

便利的交通，使合浦港成为重要的物资集散地，而南珠作为一种高端商品，则进一步推动了合浦的商贸发展。随着中原移民和商贾不断地涌入，合浦作为重要贸易城市的地位日益加强，合浦港也随之变得越

海丝文化遗址公园

来越重要，直至成为海上丝绸之路的重要贸易口岸。

汉朝合浦郡港口群包括今天的防城港、钦州港、北海港、铁山港、三汊港、海口港、三亚港、榆林港、湛江港、徐闻港、电白港、阳江港，是西汉沿海十八郡（其中交趾、日南在今越南北部，乐浪在今朝鲜境内）中出海港口最多的郡。特别是今合浦境内的上洋江、总江、乾江港、三汊港、永安港、英罗港、白龙港，因为采珠、珠市贸易的拉动，港口功能早趋完备；又有以由南流江为纽带而组成的出海水运网络，故当时合浦郡是西汉王朝唯一一个有内陆水路直通大海的岭南重镇。

随着海上丝绸之路的开通，中原与海外商人来到合浦，除了进行货物交换外，他们还给合浦带来了丰富的海内外贸易信息。合浦现存汉墓逾万座，已发掘清理 1200 多座，出土随葬文物近 2 万件。有专家称，合浦汉墓与全国其他地方的汉墓不同，众多出土的舶来品反映了海洋与大陆经济、文化的交流。海上丝绸之路始发港大量的出土文物，是古代中国对外交往的重要物证，具有特殊价值。

罗马玻璃碗

年　代：汉

尺　寸：口径 8 厘米、底径 3.9 厘米、高 4.9 厘米

发掘地点：1987—1988 年于合浦文昌塔汉墓出土

碗通体呈黄褐色，半透明，一边有状似叶片的褐色纹饰。敞口，器身向下略收窄，平底。口沿下有两周凹弦纹。经测试研究表明，此碗为植物灰型钠钙玻璃，颜色、大小、外形与日本美秀博物馆珍藏的标注为“东地中海域、公元前 2 世纪—公元前 1 世纪”的那个碗十分接近，应也是从地中海东部地区辗转输入。目前全世界仅发现 3 件，除了收藏于合浦汉代文化博物馆这件，日本美秀博物馆和美国宾夕法尼亚大学各存一件。

波斯陶壶

年　　代：东汉晚期

尺　　寸：口径 8.2 厘米、最大腹径 19.2 厘米、足径 10.8 厘米、高 34.4 厘米

发掘地点：2008 年 12 月于合浦寮尾 M13b 出土

壶黄白色陶胎，釉呈青绿色，表面光滑，均有细开片，器内亦施一层薄淡青色釉，手工拉坯留下的粗条指压旋痕也依稀可见。小口外侈，呈“V”形短流，圆唇，细长颈，椭圆形腹，矮圈足。颈至腹上部附有一曲形手柄，柄上饰两道凸棱，肩部饰两周宽带纹。这种壶在汉墓中还是第一次出现，造型与我国汉代的绿釉陶壶明显不同，而与波斯青釉双耳壶有些相似，是一件典型的帕提亚时期的器物，这类陶壶在波斯古国属地，也即现在的伊拉克南部和伊朗西南部有发现。波斯陶壶是迄今为止我国出土年代最早的一件波斯陶壶，也是唯一一件东汉时期的波斯陶壶，是汉朝与波斯交往的重要物证。

汉时盛极过后的边缘化

东汉后，战乱频仍。北宋，积贫积弱，受北方辽、金严重威胁，朝廷只好将经济重心转向东南地区并加强海外贸易。其东洋航线连通日本、高丽，而南洋航线则在汉代海上丝绸之路基础上继承发展。随着造船和导航技术的进步，船只再也不需要只沿海岸线行驶，广州、泉州等港口迅速发展成为重要的贸易口岸，合浦被边缘化，贸易不复汉代之盛。

宋代的廉州港、钦州港是西南地区最便捷的出海口，两地辐射西南内地，沟通东南亚、印度洋、阿拉伯海沿岸航线，再经拜占庭帝国与欧洲大陆相通。南宋人周去非的《岭外代答》记载了宋代大型商船远航的情形："浮南海而南，舟如巨室，帆若垂天之云，柂长数丈，一舟数百人，中积一年粮……"

宋朝的南海贸易，瓷器是重要的出口产品，这些年在两广沿海地

草鞋村遗址

区打捞的宋代沉船中，堆积的大量瓷器即是明证。据考古发掘可知，合浦及周边出土了大量宋代陶瓷窑址。现在的合浦英罗窑址、钦州雅子冲窑址、北海晚姑娘窑址年代均为唐代中期，合浦石康镇豹狸村的缸瓦窑遗址，经考古研究有1200多年的历史。如今，陶瓷生产仍是石康镇经济的一大支柱，并在漫长的岁月中，形成了独特的石康陶器风格。

元代的贸易以官本船为最主要特点，即官家出船出本，委托商人经营，至于利润，官取其七、商取其三。由于元代在贸易方面实行开放政策，与元朝进行海路贸易的国家较前朝大为增加，加之官员也可以经商，使得元代的海外贸易非常繁荣。沿海港口中的广州、泉州大港的地位得到巩固，合浦港则主要跟安南（今越南）进行贸易，这对安南国的医学、艺术等均产生了较大影响。比如，安南国效仿中国的风俗、文化、服饰、科举、学校、官制、礼乐刑政等，建立起了一套自己的国家制度。

海禁抗倭，海运荣光不再

明初，政府仍通过钦、廉二州与东南亚各国进行经济文化往来，安南、占城的使者“皆带行商”“北直廉州，循海北岸”。外国使者向明朝进贡，也多经钦、廉二州转达京师。

明成祖之后，实行海禁政策，禁止民间赴海贸易，又因倭寇为患，中外正常的经济交往遭到破坏。尤其是明永乐之后，由于苛捐杂税盘剥严重，廉州开始衰落。到了明景泰、天顺年间，廉州八寨流寇出没，灵山、合浦、石康不时被安南叛贼、倭寇劫掠，墟市被焚，以前被称为“平安乐土”的廉州，变成了战场、牧地，老百姓逃的逃、躲的躲，这一乱就是280余年。直到清朝建立后，才以武力扫除了各种叛党和贼寇，此时廉州已处于“山泽之土未尽垦，诗书之气未尽复，凋敝之民未尽乐生也”的状况。这是清朝乾隆年间廉州知府康基田在《廉州纪事》中的描述，尽管文辞修饰略显夸张，但廉州的影响力日渐衰微是一个不争的事实。

清代初期仍沿袭明代末期的禁海政策，顺治和康熙还下过三次“迁海令”，把沿海居民内迁五十里，严格时“不许片帆入海”。由于失于了贸易港口的便利，合浦的农耕开始得到发展，大量移民也涌进合浦。据《廉州府志》记载，清初廉州府（含所辖的合浦、灵山、钦州）只有2万多户，10多万人，但到了清嘉庆年间，人口剧增至40多万。农业生产逐渐成为合浦的支柱产业，直到今天，合浦仍然是一个农业大县。

随着地理大发现和新航路的开辟，西方列强逐渐垄断了海上贸易控制权，中国与东南亚、南亚、非洲等地的传统官方朝贡贸易关系遭到欧洲殖民者的破坏，中国逐渐失去海上贸易的主导权，古代海上丝绸之路的贸易悄然走向终结。

田间地头

乾体军港，护州府周全

乾体港曾是外国商贾经北部湾进入中国的重要港口。元朝平定交趾后，元世祖复设廉州沿海巡检司加强对市舶的管理，下诏交趾须“每三年一贡”。那些贡品，由交趾商贾经乾体港抵廉州府集散，运往内地。明洪武二十七年（1394年），为防止海盗侵扰，朝廷在乾体设水师驻防，置有战船24艘，乾体港同时成为一处襟带两广、遥控琼崖安南的海防基地。至清朝时，驻兵最多可逾千。

清驻军乾体营配套有烟楼、禁山等军事设施。其中，八字山炮台设有2000斤大炮2尊、1000斤大炮2尊、500斤大炮2尊，驻兵40名；

清道光十三年（1833年）《廉州府志》中所刊廉州府全图

高州、廉州、雷州是广东海防西路，乾体港则为高、廉、雷西路要冲，兵家称之为“扼雷廉水道，控交趾海路”，可见乾体港的地位之重要。乾体港即是一个军港，也是一个商业重镇。因此地有三条江河入海，故又有三汊港之称。乾体港北距廉州府约7千米，该港扼船舶入廉州府之口，故自古就是廉州府门户。

合浦乾江古镇文武庙阁楼

《南中国海岸图》（局部）

此《南中国海岸图》大约绘制于清朝中晚期，绘制者不详。该地图描绘了中国海岸的轮廓，从福建省南部至广东省、海南岛，直到越南边境。在该局部图中可见防城港、钦州港、乾体港等沿海港口，以及廉山下的白龙古城、廉州府、乾体营、冠头岭等位置注记

乾体炮台设有 1000 斤大炮 1 尊、500 斤大炮 4 尊，驻兵 35 名；与乾体营隔岸相对设有坭江口炮台，装配有 1000 斤大炮 1 尊，500 斤大炮 4 尊。乾体营总的军事火力配备为战船 32 艘，大炮 16 尊，与北海镇标的兵员规模、规格一致。而当时设置在冠头岭的西炮台、东炮台也归属乾体营。由于有了乾体营，当时的乾江古镇的人员构成一半是军人、一半是渔民。

清光绪九年（1883 年），中法战争爆发。清光绪十一年（1885 年）4 月，法国军舰逼近冠头岭海面并进行炮击。廉州总兵官梁正源奉朝廷

之命修筑了自冠头岭到乾体港的20多里长的战壕严阵以待，使法军不敢登陆。当时乾体古圩的白泥城、红泥城、烟楼、禁山烽火台等，就是为配套战壕而修建的军事设施。

从清康熙年间被设置为军港，乾体港就奠定了其海防基地的重要地位。此后，西方列强多次派兵舰进犯合浦沿岸，并炮轰民居，但始终不敢靠近乾体港。以乾体军港为主体的军事威慑力，为保障廉州府的安全发挥了重要作用。

北海续辉煌

清光绪二年（1876 年），中英签订《烟台条约》，北海作为通商口岸对外放开，港口地位日益凸显，合浦港位置向北海靠拢，廉州西门江码头成为北海港口中转站。南流江顺流而下的货物改在西门江码头卸货，经过分类后发散至钦廉四属（钦县、合浦县、灵山县、防城县）地区，而从北海溯江而上的海产品、盐及其他外地商品，则经过廉州再分运到各处。

在廉州西门江西岸，生意最兴旺红火的阜民街，就是近代合浦港短暂兴盛的见证。当时，倚江沿岸而建的廉州阜民街长约 1000 米，两旁是清一色的骑楼式建筑，各种商号店铺达 200 多间；而在西门江上，长船短艇，木排竹筏，穿梭往来，终年不辍，热闹非凡。

合浦港口和水运最后的荣光过后，北海兴起取代了合浦作为贸易港口的地位，向海经济的繁荣仍在延续。改革开放以后，北海于1984年被定为全国首批14个沿海开放城市，北海的海洋经济、对外经济得到进一步巩固，北海发展进入快车道，经济总量和人均GDP均在广西名列前茅。

近年来，在对以合浦为始发港的北海海上丝绸之路地位的研究中，形成了“先有珠（合浦珍珠）、形成市（珠市）、引来丝（丝绸）、建立港（对外贸易港口始发港）、开通路（海上对外贸易通道）”的产业依存关系共识。合浦港，凭借重要的区位优势，有力促进了岭南与中原和东南亚国家乃至中东地区的交流，成为汉代海上丝绸之路的重要港口，并铸造了合浦港历史上的辉煌。

侨港码头

珠城人文

名人遗踪
老城古迹
村镇聚落

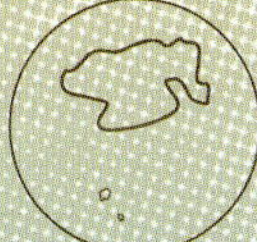

合浦县革命烈士纪念碑
中共合浦中心县委旧址
太邱书院
让水古井
魁星楼、天妃庙
海门书院
广州会馆大门
双月池古井
廉泉古井
海角亭
槐园
粤南信义会建德园
大成殿
廉州府孔庙
合浦县学宫大成殿
东坡亭
东坡井
武圣宫
海角亭
孔庙
王氏佳城牌坊
乌家镇
乌家四帝庙
华身靛厂作坊
石湾镇
石康古
王氏祖屋
张午轩故居
志德书院
保子庵
大浪古城
星岛湖镇
东山寺
瓦窑坡窑址
惠爱桥
海门书院
合浦县
廉州
沙岗镇
草鞋村遗址
兴宁古社坛
廉州谭氏祖屋
东炮台遗址
合浦汉墓群
党江镇
文昌塔
李廉明
西场镇
西场广州会馆
禁山烽火台遗址
乾江革命烈士纪念碑
日头岭烽火台遗址
乾江烽火台遗址
党江大更楼
红泥城遗址
乾江传统民居建筑群
八字山炮台遗址
乾江东西楼
乾江天后宫
乾江方井
草鞋墩遗址
孙东古墓
北海湾
邓世增公馆
北海瑞园
丸一药房旧址
街渡口（告示牌）
平阳镇
接龙桥双水井
中山路方形电线杆
高德缸瓦窑群
观音堂双水井
普度震宫
北海抗日战争胜利纪念亭
北海市
北海革命烈士纪念碑
海城区
地角炮台旧址
银海区
冠头岭炮台旧址
侨港镇
银滩镇
南沥武帝庙
冠头岭灯塔
北海市
侨港镇
银滩镇
涠洲岛
涠洲镇
斜阳岛
北海市 地级市行政中心
银海区 县级市行政中心
闸口镇 乡、镇、街道
运河
河流、湖泊
国保
区保
市保
县保
北

北海市文保单位分布示意图

名人遗踪

廉山留名

费贻，今四川省乐山市南安县人，是有史记载以来有姓有名的第一位合浦太守，任职于东汉初期。明崇祯本《廉州府志》对他的记载是："少好学有志操，为乡党所敬重"；"仕合浦太守为政清简，民怀其德，或合浦江山皆名廉者，以费贻故也"。费贻来到合浦后，发现合浦

大廉山与大廉垌

郡民多以采珠为业，致使农田荒芜、粮食缺乏，郡民为了换取粮食还常受到奸商欺诈。费贻于是采取多种措施激励郡民开垦荒地，种植五谷杂粮、瓜果蔬菜。他还亲自到农村去劝农，引进中原的竹筒水车、织麻养蚕等技术，带领郡民修筑山塘、坡坝、水渠。由于在费贻的推动下修筑了水利工程，水稻种植得以在合浦郡推广。此外，费贻在合浦太守任上还大力推行政清刑简的政策，百姓们对他颇为爱戴。

费贻在合浦太守任上期满离职时，百姓们百里相送，一直将他送到一座大山下方肯洒泪惜别。后人为感激费贻为官时的清廉以及他爱民如子的贤德，便将此山命名为大廉山。唐贞观八年（634 年），唐太宗将合浦改为廉州，以树清廉勤政之风。因为有了费贻等清官廉吏，合浦有了“五廉”的美名——廉山、廉泉、廉江、廉垌、廉州——这也成了后世对清廉勤政的官德吏风寄情托意的喻物。费贻留名廉山也成为传颂千古的美谈。

“费贻留名廉山”雕塑作品

珠还合浦

孟尝，字伯周，今浙江省绍兴市上虞区人。其祖上三代在做郡守属吏时都在祸乱中为朝廷效忠死节，美名远扬。后来孟尝被举为孝廉，又被举为茂才，出任徐县县令。东汉顺帝时期，升任合浦太守。

当时朝廷政治昏暗，吏治腐败，朝廷委派来的官吏多是贪赃枉法之辈。他们借进贡珍珠和征收珠税之名，对当地百姓进行横征暴敛，还和奸商们相互勾结，狼狈为奸，诓骗百姓。贪官污吏们对珍珠贪得无厌的需求，致使合浦海域的珍珠资源因滥采日渐枯竭，合浦经济崩溃，以致“夜海无光，行旅不至，人物无资，贫者饿死于道”。

孟尝出任合浦太守后，经过多次深入的调查研究，找到了珠民没饭吃的原因，于是下令革除弊端，整肃吏治，并禁止渔民滥捕乱采珍

白龙珍珠城城门口处的孟尝雕塑

珠，以保护珠蚌资源。不到一年时间，珍珠蚌又纷纷迁回合浦海域，合浦郡复得往日繁荣。老百姓都称他为“神明”。故此，成就了一段“珠还合浦”的佳话。

合浦百姓为纪念孟尝，同时律贪革弊，警醒后人，自发集资修建了孟尝祠、还珠亭和海角亭。

孟尝的“珠还合浦”事迹也常常被后代作为“美政”的标准，在官吏中大力提倡与践行。至晚从唐代起，“珠还合浦”的意义就不再局限于合浦一域，而是成为古代吏治所追求的政治理想和道德坐标。唐贞元七年（791 年）的进士科考，诗赋更是以“珠还合浦”为题，中国历史上最年长（71 岁）的状元尹枢便是这次及第之人。

海角亭

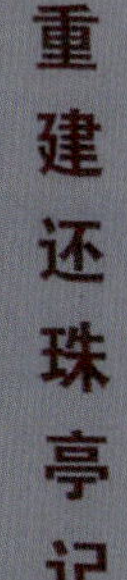
重建还珠亭记
合浦还珠亭始建于唐宋之际。宋廉州团练使陶
弼（1017—1080年）赋诗赞曰：合浦还珠旧有
亭 使君方似古人清。《方舆考证》记述：亭
在合浦县东，后汉孟尝守合浦珠去复还，后人筑亭
以表之。合浦还珠亭由此蕴含着深厚凝重的清廉
勤政的还珠风范，成为中国廉吏文化的标志性建
筑，是具有优秀的民族精神象征意义的千古名亭。
在此后的千百年间，还珠亭经历岁月风雨的洗
涤冲荡，屡经兴废。然而，在珠乡人民一次又一次
的重修扩建中，还珠亭积淀的历史文化内涵亦愈益
丰富精彩。特别是经过明代景泰五年（1454年）重
建，及万历十八年（1590年）、清代康熙年间的重
修扩建之后，还珠亭形成了由孟尝风流坊、还珠
亭 孟太守祠、孟尝衣冠冢四个景观组合的规模格
局，使得千百年间，人们在瞻仰孟尝：为官合浦去
珠还，万古流芳天地间。富贵心轻如蔽履，贞廉名
重并高山：（明甘泽《孟太守祠》）的高尚风范的
同时，也寄托着对清廉吏治的深切渴望和传承期
待。因此，明代廉州府佥事李骏在为重建还珠亭而
作的《合浦还珠亭记》中志：若孟君者，诚可为
东汉守吏之最，而足以师表百世者也。今去孟君几
千百年，而人之思孟君者同于一日，则知善政之感
于人心，殆千载一时而未尝有所间也……因表其义
以励俗，则为政亦未必不取法于孟君焉。
民国二十年（1931年），还珠亭毁于兵匪战
火，民国二十四年（1935年），民国合浦县政府曾
着手修复还珠亭，并绘制了还珠亭复原效果图和施

还珠亭

苏轼量移廉州

苏轼（1037—1101年），字子瞻、和仲，号铁冠道人、东坡居士，世称苏东坡、苏仙，今四川省眉山市人，北宋著名文学家、书法家、画家。

宋哲宗在位期间，晚年苏轼因新党执政被贬惠州、儋州。北宋元符三年（1100年），宋徽宗即位，苏轼接到诏令从海南量移廉州。量移指官吏因罪远谪，遇赦酌情调迁近处任职。农历六月二十日，苏轼从海南渡海，开始北归。六月二十日登船后，苏轼顺利到达雷州，夜雨中作《夜雨重宿兴廉院》，诗曰："芒鞋不踏名利场，一叶扁舟寄渺茫。林下对床听夜雨，静无灯火照凄凉。"但连日的大雨，也使自雷州海康到合浦的桥梁尽坏，水无津涯。于是苏轼又渡了一次海，从官寨乘船前往白石（合浦东海岸一带），这次颇有些波折，其本人也叹曰："碇宿大海中，天水相接，星河满天。起坐四顾大息，吾何数乘此险也！已济徐闻，复厄于此乎？"

苏东坡像

苏轼携小儿子苏过来到廉州，得到以左藏库官员身份就任的张知州和当地名士邓拟、刘几仲等人热情款待，并下榻于邓氏园林清乐轩长春亭。时任石康县令欧阳晦夫也专程到廉州拜访并送上琴枕和头巾。

在廉州期间，苏轼经常寻友访胜。在三廉古刹东山寺，"以诗名岭外"的东山寺住持愈上人更是苏轼有意结交的高人。无奈苏轼寻访东山寺时，愈上人已"访道南

东坡亭

岳”去了。苏轼寻人不遇，看到寺院的墙壁上留下“闲伴孤云自在飞”的诗句后，便戏和其韵：“孤云出岫岂求伴，锡杖凌空自在飞。为问庭松尚西指，不知老奘几时归。”

苏轼在游览著名的海角亭时，用“万里瞻天”四个大字，坦露出作为一个诗人阔大的胸怀，表达了自己深切的家国情怀。苏轼手书的这四个大字，至今仍悬挂在合浦廉州中学海角亭内，成为激励和照耀一代又一代士人学子求实进取的明灯。苏轼在合浦暂住的两个月内，留下了《廉州龙眼质味殊绝可敌荔支》《留别廉州张左藏》《记过合浦》等十余篇诗文。这些诗文近千年来一直润泽着合浦这块土地，也给合浦人留下了无限追思。

清乾隆四十一年（1776 年），廉州知府康基田经过长春亭，看到这里鱼戏碧藻、飞鹭掠霞，想起苏轼，赞叹环境优美的同时也为长春亭的残破而感叹，于是下令重建，并将其命名为东坡亭。

老城古迹

北海老城："中国近代建筑博物馆"

北海老城景区是北海城市的发源地，由珠海路、沙脊街、中山路三条街道组成，总面积 0.4 平方千米。北海老城历史文化旅游区主要景点有摸乳巷、基督教礼拜堂、东安马头、三皇庙、丸一药房、街渡口、治安告示碑、摇水井、永济隆、双水井、单水井、北海海关大楼旧址、大清邮政北海分局、宜仙楼、电报局旧址、房产界碑等，特别是北海老城历史文化馆浓缩了北海老城历史文化的精华，展示了独具魅力的老城文化底蕴。2014 年 12 月，北海老城历史文化旅游区成为国家 4A 级旅游景区。

清光绪二年（1876 年），中英《烟台条约》签订以后，北海被迫成为对外通商口岸之一，先后有英、德、奥匈、法、意、葡、美、比等八国在北海设立领事馆、教堂、医院、洋行、女修道院、学校等一系列机构，修建了一批西洋风格的建筑。经过半个多世纪的文化融合，于 1927 年前后形成了人们今天所见到的骑楼老街。骑楼老街中的建筑群

珠海路老街

不仅是见证中国近代开埠文化的重要遗址，还是中国近代建筑的瑰宝和城市历史文化的载体，更被历史学家和建筑学家们誉为“近代建筑年鉴”，具有很高的历史及文化艺术价值。著名作家舒乙认为，珠海路和新加坡国宝级的老街一模一样，应保护好这条极具开发价值的老街。英国建筑专家白瑞德先生认为，珠海路的历史文化价值，不但对北海有意义，而且对华南地区、全中国，及至全世界都有意义。

北海老街的建筑大多为二至三层的小楼房，主要受 19 世纪末西方卷柱式建筑风格的影响。临街两边墙面的窗顶多为卷拱结构，卷拱外沿及窗柱顶端都有雕饰线，线条流畅、工艺精美。临街墙面不同样式的装饰和浮雕，形成了南北两组空中雕塑长廊。这些建筑临街的骑楼部分，既是道路向两侧的扩展，又是铺面向外部的延伸。人们行走在骑楼下，既不受风雨影响，又可躲避烈日；骑楼的方形柱子粗重厚大，颇有古罗马建筑的风格。

《印象 · 1876》北海历史文化景区位于北海老城区，东起迎宾馆，西至文化大院，南起英国领事馆旧址，北至滨海路，面积约 0.048 平方千米，由解放路、中山路衔接英国领事馆旧址、德国领事馆旧址、德国

珠海路老街

森宝洋行旧址、法国领事馆旧址、大清邮局旧址、北海关大楼旧址等文物古迹组成。建筑群蕴涵了北海作为一个具有近百年与西方交流的港口城市的地方文化精髓，是展现北海近代开埠历史的宝贵文化资源，也是对中外游客具有吸引力的旅游资源。2016 年 4 月，北海近代中西文化历史系列陈列馆依托于英国领事馆旧址、德国森宝洋行旧址、大清邮局旧址逐步设立。2020 年，又按照国家 4A 级旅游景区的标准对英国领事馆旧址、德国森宝洋行旧址、大清邮政北海分局旧址的公共服务设施进行改造提升及总体形象升级。2020 年 11 月 3 日，《印象 · 1876》北海历史文化景区被评为国家 4A 级旅游景区。

印象1876
北海历史文化景区
近现代建筑分布示意图

德国森宝洋行旧址

即北海近代洋行历史陈列馆，主体建筑是一座二层券廊式建筑，建筑面积479平方米
附属建筑风格与主楼相同，建筑面积322平方米。该旧址建于清光绪十七年（18
年），是德国商人森宝驻北海的商务机构，专办煤油贸易及代理招工出洋等业务。民
期间曾作为两广盐务稽查处办公署，1963年交由北海市文化部门使用。2001年德国
宝洋行旧址被公布为全国重点文物保护单位。

德国领事馆旧址

建成于清光绪三十一年（1905年），建筑面积855平方米。德国于清光绪十二年（1886年）在北海设立领事馆，至光绪三十四年（1908年）撤出，馆署转卖给他人。2001年德国领事馆旧址被公布为全国重点文物保护单位。

北海关大楼旧址

即北海海关历史陈列馆，是一座方形三层西式建筑，建筑面积 972 平方米，建于清光绪九年（1883 年）。北海海关于光绪三年（1877 年）设立，主要由外国人控制，1949 年撤出，该旧址划拨给新中国北海海关使用。2001 年北海关大楼旧址被公布为全国重点文物保护单位。

海关路

大清邮政北海分局旧址

北海关大楼旧址

中山路

中山路

德国信义教教会旧址

解放路

邓世增故居（公馆）

法国领事馆旧址

建于清光绪十六年（1890年），为一座一层的西式建筑，建筑面积718平方米。1950年，法国领事馆撤出后，该旧址由北海市人民政府代管。20世纪90年代以来，胡耀邦、江泽民、乔石、李鹏、朱镕基等党和国家领导人及许多国家的外宾，曾先后在该楼下榻。2001年法国领事馆旧址被公布为全国重点文物保护单位。

法国领事馆旧址

德国森宝洋行旧址

北部湾路

解放路

英国领事馆旧址

即北海近代外国领事机构历史陈列馆，为一座二层、长方形的西式建筑，建筑面积680平方米。清光绪三年（1877年），英国在北海设立领事馆，八年后，英国领事馆开始建设。1922年英国领事馆裁撤后，馆署卖给了法国天主教区圣德修道院。2001年英国领事馆旧址被公布为全国重点文物保护单位。

德国领事馆旧址

英国领事馆旧址

合浦佛寺：佛教传入的南大门

佛教传入中国，主要是从西域经陆路传入以及经南方海路传入。陆路传入的路线与陆上丝绸之路基本一致。海路传入，据《广西通志·宗教志》载，是由海上经扶南达交趾合浦港，后通过交广通道往北传入江南。交广通道即经由合浦港、南流江、北流江、西江、珠江到广州，或至梧州沿桂江北上，经湘江到长江沿岸各地。《中外历史大事记年表》中也证实，古印度僧人进入中国传经弘法最便捷的线路便是经扶南到越南，再乘船到达合浦。合浦、贵港、梧州等地的汉墓中出土有不少佛缘文物，如 1972 年合浦县风门岭 1 号东汉墓出土的陶钵生莲花器，收藏于广西壮族自治区博物馆；1990 年合浦县环城乡五旗岭 2 号三国墓出土的陶钵生莲花器，收藏于合浦汉代文化博物馆……这些都证明合浦是佛教传入的南大门。

汉魏时期，佛教初传入中国，并与道教、儒教等本土思想相互影响、竞争。比如撰于汉末的《牟子理惑论》就反映了这些思想的交锋情况。而这本书的作者就长期活跃于苍梧、交趾一带，而当时的合浦辖属

东山寺

交趾；三国时的名僧康僧会在交趾出家，“明解三藏，博览六经，天文图纬，多所综涉”，足以证明当时的交趾已经具有较浓郁的佛教氛围。《大唐西域求法高僧传》中记载的当时前往天竺求法的僧人中，无行等人就是从合浦出发的。

佛教在合浦一直流传至今，在晋代已建有佛教寺庙灵觉寺，这也是在广西壮族自治区创建的最早的佛寺之一。唐朝时，佛教在合浦沿海一带兴盛。到了北宋，宝山成禅师在灵觉寺的基础上创建了东山寺，香火至今不断。北宋大文豪苏东坡量移廉州时，还到东山寺拜会愈上人，可惜不遇。到明末清初，合浦寺庙颇多。到了近代，合浦甚至流行有“一寺（东山寺）、三庵（保子庵、接龙庵、准提庵）、十二庙”之说。如今，北海市有普度震宫、普度寺，合浦县有东山寺、保子庵和北山庵等佛教场所。

北海普度震宫位于市区茶亭路，始建于清光绪二十四年（1898年），由当时的道士吴锦泉约集北海慈善界梁起振、黄日章、陈觉裕等人士发起，向港澳同胞募资而建。其主要建筑由中天殿（1987年因扩建茶亭路被拆）、金母殿、地母殿组成，是一座集佛、道、儒于一体的古庙。现存的两殿结构大致相同：正殿两侧有耳屋，殿内又分明间和两侧的次间，硬山顶顶脊上有琉璃双龙戏珠，殿内正脊上有花草鸟等雕饰，廊顶前墙有壁画。清代梁鸿勋所著《北海杂录》中描述它：“庙貌灿然，为北海诸庙冠。”

北海普度寺建于冠头岭国家森林公园南侧，于2011年12月重建。寺院建筑占地面积6万平方米，建筑面积7800平方米，可容纳居士信众万人之多。普度寺主体建筑既遵循禅宗“伽蓝七制”，又以汉唐的宏伟气魄构建，整体设计主格调严整开朗、庄重大方，色调简洁明快。寺院屋顶舒展平缓，门窗朴实无华，也与周围山岭水泉相协调，是一座园林式建筑。

北海普度寺全景

海丝路的见证：合浦汉代文化博物馆

合浦汉代文化博物馆是一家专题遗址博物馆，又名合浦县博物馆，成立于 1978 年 9 月，2008 年 12 月迁至合浦县廉州镇定海南路 81 号新馆址。整座新馆占地面积 1.33 万平方米，总建筑面积 4100 平方米，总投资 800 多万元。新馆建有仿汉石阙大门、主体中心文物陈列厅、汉墓保护展示厅、地下文物库房、办公楼、保安宿舍楼等功能设施，汉代风格明显。馆藏文物年代跨度从新石器时代晚期至当代，种类涵盖陶器、

青铜器、金银器、玉器、玻璃器、铁器、水晶玛瑙、琥珀松石、书画扇面、历代钱币、古瓷器、明清家具、古册籍、碑刻、竹木象牙工艺品等。合浦县汉代文化博物馆现为国家三级博物馆、全国科普教育基地、广西壮族自治区爱国主义教育基地、国家3A级旅游景区。2017年4月19日，习近平总书记考察了合浦汉代文化博物馆，赞扬合浦汉代文化博物馆以古代海上丝绸之路文物为主题的文物展览和汉代建筑风格的馆貌很有文化特色，给予高度的评价。

合浦汉代文化博物馆

合浦汉代文化博物馆中海丝之路的见证文物选粹

▲ 深蓝色玻璃杯

西汉晚期

杯深蓝色，半透明。凸唇沿，敛口，深腹，圜底。该杯是研究我国古代海上贸易的重要实物资料。

▶ 橄型、花球型金串饰

西汉晚期

手链共装饰有20颗装饰物，其中有5颗金花球，金花球又称十二面金珠，大小不一，空心，采用掐丝和焊珠工艺，制作异常精致。十二面金珠的焊珠工艺源自西方，古希腊迈锡尼则可能是起源地。

◀ 活链铜提梁壶

东汉早期

壶带盖，盘口、鼓腹，八角形高圈足。两肩铺首衔环，环套活链，上连璜提梁，两端龙首含环与盖侧圆钮环铸。颈与腹下部之间饰弦纹九道。土时器盖密封，摇晃时内有液体晃的声音，判断内有存酒，可谓真正千年陈酒。合浦地区为酸性土壤，候多雨潮湿。能出土保存有千年陈的青铜壶，格外珍贵。

▲ 人足环耳铜樽

西汉晚期

樽的造型华丽庄重，纹饰内容丰富。器身所饰的羽毛纹、菱形纹和三角纹，是在西汉中期至东汉晚期流行的一种于岭南以外其他地区很少见的錾刻工艺。此樽既具有中原风格，又保有浓厚的地方特色，反映了汉越文化的交流和融合。

▼ 湖蓝色玻璃杯

东汉早期

杯湖蓝色，半透明。圆唇，口微敞，上腹较直，下腹弧成内凹平底。经测试分析其玻璃的化学成分，判断此杯应从东南亚输入。

▲ “宜子孙日益昌”玉璧

东汉时期

璧白玉质，不透明。璧上方出廓透雕双螭龙纽，纽中心镌隶书“宜子孙日益昌”六个字。璧身凸起谷纹，璧外沿饰凸弦纹一圈。

▼ 多面体紫色水晶串珠

东汉早期

串珠163颗，多面棱柱体形，以十四面体为主。珠子大小不等，最大径长2.5厘米。颜色多为深紫色，少数浅紫色。表面碾磨光滑，呈半透明或透明，熠熠生辉，为馆藏水晶中之精品。印度南部的德干高原，是紫水晶的主要产地和加工中心，合浦汉墓出土的水晶，应是从这些地区输入。

◀ 水晶、绿柱石串饰

东汉早期

串珠共23颗，多为不规则形，其中水晶9颗，绿柱石13颗，一颗黄色圆扁形珠为黄玉髓。绿柱石在古罗马时期需求量很大，普林尼在1世纪的《自然史》中记述，最好的绿柱石绝大多数来自印度。斯里兰卡的绿柱石资源丰富，也是传统的宝石加工区。合浦出土的水晶、绿柱石串饰中的绿柱石应来自这些南亚国家。

▶ 鼓形缠花金球

东汉晚期

外观为鼓形，空心，分内外两层装饰。内层是素面球体，外层采用焊珠缠花工艺：鼓腹焊以绞索形金条两圈，两圈之间有十二朵小珠花围绕一周，上下鼓面均以中轴穿孔为中心，以绞索形金条构成的十瓣花朵覆盖，每片花瓣尖上焊一颗小金珠。制作工艺高超精美，具异域风格

汉墓的墓道、前室、后室

合浦汉代墓葬群多数为西汉晚期、东汉和三国时期的墓葬。墓室分土坑和砖室两种。墓室除放置棺具的后室外，有的还有前室、耳室或侧室。墓道多数为斜坡式，个别为阶梯式。

合浦汉代文化博物馆以收藏、研究、修复、陈列合浦汉墓出土文物为主。合浦汉代墓葬群位于合浦县廉州镇东南郊望牛岭、风门岭、宝塔山和东北郊堂排一带，东西宽 5.5 千米，南北约 12.5 千米，面积 68 平方千米。汉代墓葬大部分保存有高大的封土堆，经勘探编号立标的汉墓有 1056 座，估算地下留存的汉墓有近万座。自 20 世纪 70 年代以来，已发掘 1200 余座。1996 年 11 日，合浦汉代墓葬群被公布为全国重点文物保护单位。

合浦汉代文化博物馆馆藏合浦汉墓群出土文物 5000 多件，包含一级藏品达 21 件，计有陶器、铜器、瓷器、铁器、漆器和金、银、玉、石、骨器等，还有贝壳、稻谷、荔枝、杨梅、动物骨骸和盛于器皿内的酒，这酒就装在一个东汉铜提梁壶之中。此外，还有古波斯所产、经海上丝绸之路输进中国的陶壶等，皆闻名于世。

1971 年冬清理的望牛岭 1 号墓为西汉晚期土坑多室木椁墓，结构较为典型。它规模宏大，平面略呈“干”字形。其最宽处达 14 米，分为墓道、甬道、南耳室、北耳室和主室等部分。主室长方形，分前后室，后室中央纵陈漆棺一具，前室及漆棺两旁放置大量铜器和漆器；南耳室存放陶器、陶俑和小量铜器；北耳室埋藏车马器。随葬品有铜器、铁器、陶器、漆器、金饼、金珠和水晶、玛瑙、琉璃、琥珀饰品等共 240 余件。铜器的品种多、数量大，在随葬品中占主要地位。其中的铜凤灯、提梁壶、长颈壶、三足盘、铜魁等，都饰以纤细而匀称的细线花纹，在造型、纹饰方面表现了较高的工艺水平和地方特色。铜仓模型，是干栏式建筑，悬山式顶，屋前有走廊，围以栏杆，屋下有 8 根柱子；两件陶提桶内壁，有朱书“九真府”字样。墓主可能是曾任九真郡郡守的官员或其亲属。

▲ 铜凤灯

西汉晚期

灯作凤鸟状，回首顾望，双足分立，尾羽下垂及地，通体细刻精美的羽毛纹。背部置圆形灯盘，插放燃具，燃烧的烟灰经喇叭灯罩进入凤鸟腹腔，腹腔内空可贮水，烟灰就融化于水中，不污染周围的环境。这样的设计构思巧妙，既能照明又可防止烟灰污染空气，堪称早期的一件环保产品。

▶ 悬山顶干栏式铜仓

东汉早期

明器，干栏式建筑。平面呈长方形，悬山顶，上有凹槽相间象征筒板瓦。仓体正面中央开门，门框凸出，单门扇，上有一门环，门扇可自由开合，平底下有四根节状圆柱支承仓体悬空。仓门及四壁均錾刻有各种精美图饰，些图饰代表着不同的寓意和祈祷。

广西第一所西医医院：普仁医院

北海市人民医院始建于清光绪十二年（1886 年），其前身为英国传教会创建的北海普仁医院，1952 年被北海市人民政府接管后更名为北海市人民医院。

从清同治六年（1867 年）至 1949 年，北海环境污染严重，鼠疫、霍乱、天花等烈性传染病严重危害人民健康。清光绪二年（1876 年），中英签订《烟台条约》，北海被指定为对外开放港口。光绪三年（1877 年），北海建立了英国领事馆和海关。光绪八年（1882 年），香港维多利亚教区第三任会督包尔腾向大英传教会请求派人来北海传教并为开办医院招募医生和筹款。在英格兰，包尔腾的一次演讲吸引了爱丁堡内、外科执业医师柯达，他愿放弃克里夫顿学院的工作，响应号召赴华，这促成大英传教会决定在北海设立教会医院。光绪十二年（1886 年）2 月 19 日，柯达关于在北海办医院的提议被大英传教会批准。3 月，柯达与香港助手何星棠抵达北海，先行勘察选址。在包尔腾和威廉 · 琼斯基金资助下，柯达在北海城镇郊区一个叫祥恋里（今北海市和平路 83 号）的地方购买了 60 亩地。4 月 2 日，动工兴建医院，院名“普仁医院”（又称“英国医院”）。医院成立之初建有门诊、药房、手术室、化验室以及有 30 张床位的病房，还有医疗辅助用房、医务人员住所。八角楼是医院标志性建筑。光绪十三年（1887 年）8 月，医院正式开业。

开业之初，民众畏惧西医，医院门可罗雀。柯达手提药箱步行到各村庄施医赠药。民众见柯达医生和蔼可亲，服下他开的西药疗效显著，尤其是看到柯达医生成功施行白内障手术让盲人重见光明后，求诊者开始络绎不绝。患者赠柯达“西来轩歧”匾额。

光绪二十年（1894 年）、光绪二十二年（1896 年），北海普仁医院

普仁医院旧址

经过两次扩建后，另建成北海普仁麻风医院，有床位100张，收容了100余名麻风病人，成为当时中国最早、最大的麻风医院。柯达引进隔离、大风子油口服剂、截肢、抗结核等手段治疗麻风病，培训3名本土助手，创建“麻风院自治”管理模式和身心疗法。清宣统三年（1911年）10 月 21 日，医院还从英国引进X光机、发电机，建发电房。北海普仁医院成为最早使用电灯、自来水的医院。是时，远近各地患者慕名来求医，年门诊量达三万余人次。

1939年2月至12月，日本飞机共轰炸北海12次。在北海沦陷时，奥地利籍医生也是普仁医院最后一任外籍院长米尔智和中国籍的医务人员一起展开救死扶伤行动。

1941年，中华圣公会粤港教区聘请香港大学朱国京医生任北海普

普仁医院医生楼全景

仁医院院长，其夫人何娴芝任妇产科医师。朱国京院长上任后，带领大家在经费断绝的艰难状况下开展工作。直至 1946 年 9 月朱国京院长举家返港。

1947 年 9 月，中华圣公会华南教区聘请国立中山大学医学士林怡贤接任北海普仁医院和北海普仁麻风医院院长，林怡贤夫人林茵任北海普仁医院医生。林茵医生用变卖掉自己的首饰的钱在香港购买了德国制造的显微镜一台，并携带到北海普仁医院。1949 年 12 月 4 日，北海解放。次日清晨解放军派人到北海普仁医院联系，希望医院协助收治伤员。林怡贤院长带领全院医务人员，在部队军医的配合下，对 300 多名伤病员进行救治。1952 年 11 月，北海市人民政府接收北海普仁医院，并更名为北海市人民医院。

村镇聚落

追忆疍家：大江埠民俗风情村

大江埠旅游风景区位于市区广东南路，是一个自然生态旅游区。景区最早是三江汇集的一个小码头，也是北海本地疍家人的生活之所。随着城市发展与建设，昔日的疍家码头已不复存在。2005 年，开发修建了保留原有生态自然环境的民俗旅游区，供人参观游览。

大江埠旅游风景区占地 6 万多平方米，村内曲径通幽，风景迷人，建筑独特，风情奇异，既展示了北海疍家人富足的海上生活及其独特的男婚女嫁习俗，还在海洋古船博览长廊中展出了历代王朝商船和部分海盗战船的船模。景区内还集中建有多个少数民族建筑，民俗活动与民间艺术时常展演，如彝族的“火把舞”“舔火碳”“抹黑脸”，布朗族的“黑牙美”“大耳洞”，怒族的“围猎”“树屋”等。除了神秘而奇特的部落生活方式带来的新鲜体验，游客还可以不出国门欣赏异国文化风情。为丰富景区的人文民俗文化，景区还有来自中缅边境的土人文化展示，大家可以在这里了解边境土人以天为被、以地为席、以打猎为生的

北海疍家游神

原始生活。此外领略闻名越南的“四怪”“四苗条”，观看具有越南国粹之称的独弦琴表演，也是景区的一大看点。

文化融合高地：高德古镇

高德古镇位于市区北岸，既是北海老城与廉州湾新城的中心连结点，也是晚清时期北海渔港与传统街市文化融合的代表，更是北海市倾力打造的国家 4A 级旅游景区。

高德古镇深度挖掘北海特色文化资源，以海上丝绸之路始发港和百越文化、海丝文化、佛禅文化、海港文化、南珠文化为背景，结合北海海滨风情特色的新中式建筑风格，与生态海系景观巧妙结合，打造了一处滨海高端文化旅游综合体。在这里，城与海、港与老街、人与生活

交相辉映，吃、住、行、游、购、娱六大旅游要素一样不缺，同时还具备居住、商业、政治、祭祀四大功能。

目前，高德古镇主要由海岸天街、海天盛境、高德三街、时光北海、梦幻海洋、高德渔港以及黄金北岸共同组成。高德古镇，作为打造城市旅游品牌的十大重点工程，在成为滨海城市旅游先锋的同时，也将为北海打造一份厚重珍贵的历史记忆。

海岸天街规划面积 7.47 万平方米，商业面积约 8 万平方米，主打夜色经济，将开放、半开放的庭院与北海当地过街楼、骑楼、檐廊等有

百年高德老街

机融合，形成具有北海特色的新中式建筑风格，集当地民间特色小食、海鲜风味美食、异国风情美食、休闲娱乐、体验玩乐、主题住宿（高端酒店集群）、文创零售、商旅接待、游艇体验、主题演艺秀等复合业态于一体，满足全天候一站式消费需求。

海天盛境规划面积 5 万平方米，着重打造音乐文化艺术主题，以高德音乐厅、音乐广场、大师工作室、音乐餐吧为载体，打造音乐文化赏析、音乐教育培训、音乐节庆交流、国际时尚艺术、海丝文化交流等于一体的文化艺术体验目的地。通过对北海城市过去、现在和未来的时空演绎，打造集城市文化、精品商业、美食体验、酒吧休闲、住宿娱乐等多种业态于一体的亮点板块。

高德三街规划面积 7 万平方米，强调修旧如旧，以民俗文化和“非遗”传承为特色，通过对老街建筑特色和历史文脉的挖掘，修缮保护传统建筑，植入新兴文创业态产品、非遗制作工坊，新旧融合，希冀重现北海第一市的辉煌胜景。

时光北海规划面积 6 万平方米，以海派文化和异域风情为特色，复建北海现存的西洋建筑，植入新的功能业态，形成异国博览街、精品民宿街和酒吧风情街三条街道，满足广大游客轻奢度假的需求。

梦幻海洋规划面积 4.67 万平方米，紧扣海洋主题，面向亲子家庭客群，以低风险的游乐设施项目、室内儿童剧场、角色扮演等，吸引

海岸天街

广大青少年和儿童群体，主要项目包括海洋漂流、海洋文化馆、海星剧场、旋转木马、儿童主题餐厅等，使其成为北海市民和外来家庭游乐的全新选择。

高德渔港布置有三大主题演绎秀：渔港建筑投影秀、音乐喷泉和水幕电影。运用声光电等技术手段，集聚人气。通过高低错落的建筑投射灯光、轮廓灯光和内港水秀，形成良好的城市天际线，重塑高德片区城市形象。

黄金北岸规划面积 8 万平方米，从北海疍家文化中提取灵感，设置疍家渔女、景观灯塔、观景平台等景观设施，融入鲸鱼、水纹、海螺等装饰元素，在临水面设计景观台阶与临海外滩产生互动，强化趣味性和功能性，塑造出一处三维立体的活力空间。

疍家文化

云水别岸
渔舟唱晚

海韵广场
榕韵回廊
海牧渔歌
月光长廊
栈桥渔火
水上集市
渔梦水湾
红帆夕照
百果画廊
三味书院
高德码头
钟楼望月
锦绣高德
珠城广场
高德老街

高德古镇

世界难民安置的光辉典范：侨港镇

侨港镇是在 20 世纪 70 年代末由中国政府与联合国难民署兴建的中国最大的联合国难民安置点，也是中国政府批准设立的唯一以归侨为主体的建制镇，被赞誉为“世界难民安置的光辉典范”。这批归侨大部分是世代漂泊海上、以渔为业的“疍家人”。

走近侨港的集市，总会意识到这里与越南有种藕丝难断、彼此相连的特殊关系：商铺里陈列的商品不少是越南商品，商店里随着音乐传出的有越南小调，大街小巷小吃摊上卖的有越南风味小吃，酒店里销售的有越南菜肴，有人还说着满口越南语，甚至还有一条像模像样具有

侨港镇全景眺望

异域味道的越南风情街……侨港归侨在饮食上一方面带有浓厚的越南特点，另一方面也仍然坚守着华人的传统。侨港美食以海鲜为主，越南风味与疍家特色融入其中。近几年，侨港的美食吸引了越来越多的游客和市民。同时，侨港人又推陈出新，创造出一种迥异于北海本地的饮食文化。这里的鸡丝粉、蟹仔粉、炒螺、糖水、春卷、炒冰等特色小吃得到吃货们的喜欢并口口相传，侨港特色小吃街的名声就此传开了，特别是在年轻人群体中间。到侨港吃宵夜、吹海风，渐渐成为一种夜生活时尚和旅游时尚，“魅力小镇，风情侨港”的旅游品牌已被越来越多的人所接受。

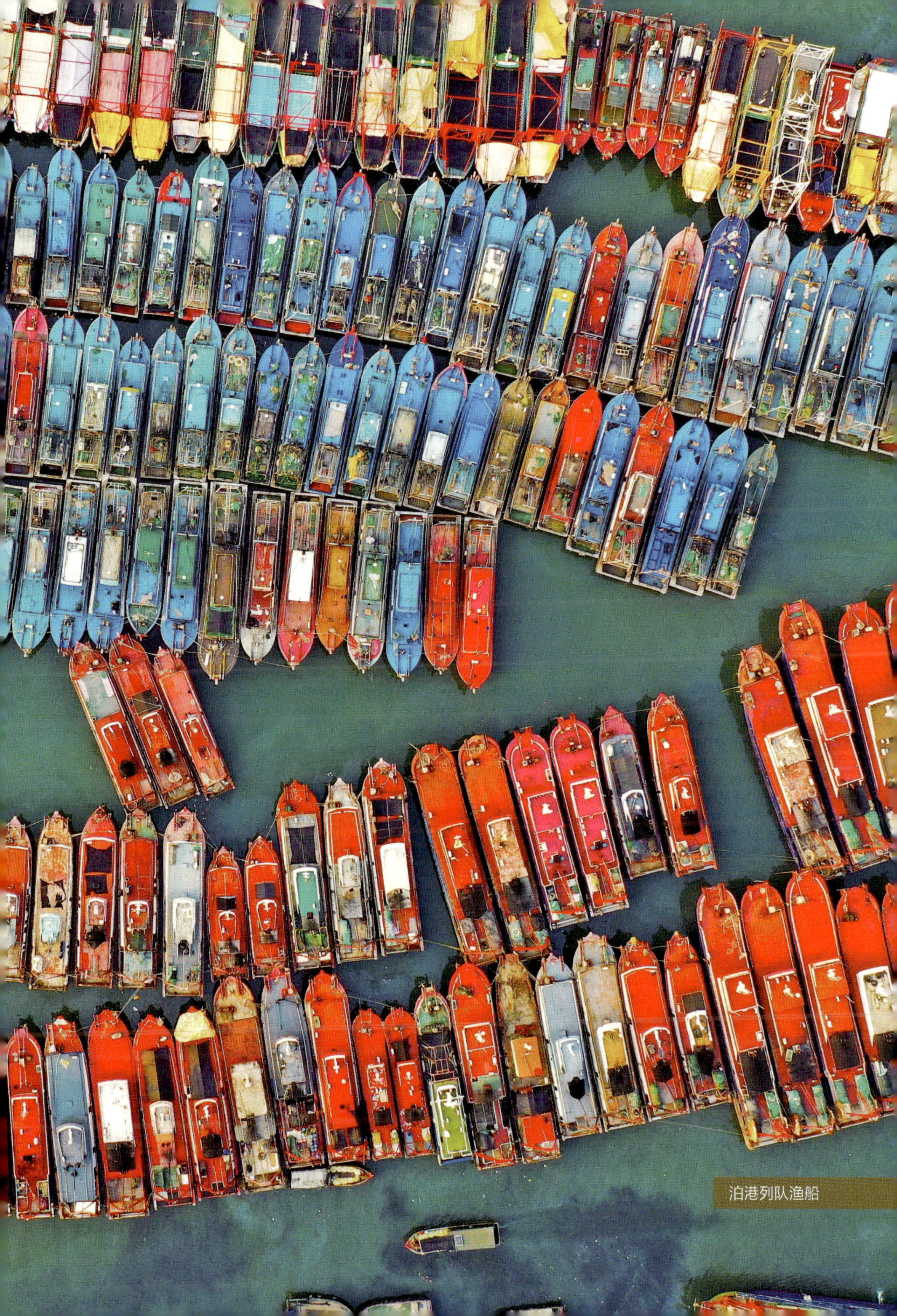

泊港列队渔船

山海画境

北海银滩：『天下第一滩』
涠洲岛：海上『香格里拉』
冠头岭：海门屏障
星岛湖：千岛迷宫
生态湿地
园博园：城市绿心
极地科普
海丝首港：穿越古今

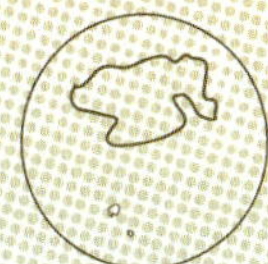

北海市全域景点分布示意图

田花谷乡村旅游区
常乐镇
曲樟乡
曲樟客家土围城
高豪·客家往事乡村旅游区
璋嘉名将故里景区
公馆镇
石康镇
小村故事乡村旅游区
观音山生态旅游区
乡村乐园
茶庄园
闸口镇
白沙镇
东坡亭景区
槐园景区
又一村休闲生态农庄
福成镇
南康特色小镇
兴港镇
铁
山
港
山口镇
富甲生态农家乐
铁山港区
永安大士阁景区
沙田镇
山口红树林国家级自然保护区
儒艮国家级自然保护区
区世嘉宜居度假区
铁山港区营盘镇
青山头乡村旅游区
白龙珍珠城
营盘镇
大江埠民俗风情村
铁山港区圆海梦
中信国安水乐园（在建）
海湾红树林生态旅游区
国家湿地公园
北　部　湾
涠洲岛
西角码头
圣塘景区
石螺口景区
涠洲镇
红色景区
南湾海洋运动公园
五彩滩
滴水丹屏景区
南湾鳄鱼山景区

北海银滩：“天下第一滩”

“北有桂林山水，南有北海银滩。”北海银滩旅游景区于1991年7月正式建成对外开放，1992年被国务院列为12个国家级旅游度假区之一。经过30多年的建设和发展，北海银滩旅游景区已成为全国首批4A级旅游景区，全国“五美景点”和全国35个“王牌景点”之一，有“南方北戴河”“东方夏威夷”之美称。杨尚昆于1997年1月7日视察北海银滩时欣然题词——“天下第一滩”。

北海银滩因沙子在阳光的照耀下晶莹如银，故得名“银滩”。银滩以“滩长平、沙细白、水温净、浪柔软、无鲨鱼、气清新”六大特点著称。这里沙滩十分宽阔，东起大冠沙，西至冠头岭，东西延绵24千米，海滩宽度300～7000米不等，沙滩面积8万平方米，超过了大连、烟台、青岛、厦门和北戴河海滨浴场沙滩面积的总和，沙滩坡度非常平缓，坡度为5‰，游出百米远也不会被海水没过头顶。沙滩全部由高品位纯净的石英砂历经淘洗堆积而成，沙子里的二氧化硅含量高达98.3%，使得沙质如珍珠粉一般细滑。北海银滩所临海域无任何工业污

十月银滩

染，海水能见度大于 2 米，水质超过我国沿海平均标准的一倍以上。银滩空气清新，空气中负氧离子含量高达每立方厘米 5000 个，是我国内陆城市的 50 ~ 100 倍，有“天然氧吧”之称。

北海银滩海水浴场的年平均水温是23.7℃，一年中有长达9个月的时间可下海游泳。浴场面积16万平方米，可同时容纳1万多人。北海银滩因为可容纳国际上最大规模的沙滩运动娱乐项目和海上运动娱乐

海水浴场

沙滩运动娱乐项目和海上运动娱乐项目

项目，如今已成为中国南方最理想的滨海浴场和海上运动场所。

位于北海银滩内的“潮”雕塑始建于 1993 年 10 月，是北海市重要的地标性建筑物之一。2019 年，由北海旅游集团与河南银基投资集团有限公司共同出资，在保持银滩区域自然生态和风貌的基础上，把原有球体雕塑全部拆除重建。重建后的雕塑，球体直径保持 20 米不变，但整体向南移 15 米，周边以贝壳元素造型向外延展，基座上部以波浪纹造型装饰与雕塑主体相呼应，达到了 360° 无死角观赏雕塑的效果，再加上灯光、火焰等多媒体表演秀，北海银滩的配套旅游设施更加完善。

“潮”雕塑

涠洲岛：海上“香格里拉”

涠洲岛位于北海市北部湾海域中部，北临北海市，东望雷州半岛，东南与斜阳岛毗邻，南与海南岛隔海相望，西面面向越南。涠洲岛南北长 6.5 千米，东西宽 6 千米，总面积 24.74 平方千米，岛上最高处海拔 79 米，总人口中的 85%以上都是客家人。涠洲岛是因火山喷发堆凝而成的岛屿，岛上 95% 以上的地层由火山岩组成，所以含海蚀、海积及溶岩等景观，有“蓬莱岛”之称。涠洲岛是中国最大、地质年龄最年轻的火山岛，也是广西壮族自治区域内最大的海岛。

涠洲岛上的景观主要有南湾鳄鱼山景区、圣堂景区、石螺口景区、滴水丹屏景区和五彩滩景区等。

涠洲岛全景

火山地貌

南湾鳄鱼山景区是涠洲岛最瑰丽的精华景区，包含鳄鱼山、五彩滩、红色广场、南湾海洋运动公园以及部分海域，总面积是3.8平方公里。南湾鳄鱼山景区以美丽的海岛风光、典型的火山地质遗迹、奇特的海蚀微地貌景观、丰富的生态旅游资源和舒适宜人的气候闻名海内外。2020年12月29日，南湾鳄鱼山景区正式晋升为国家5A级旅游景区。

鳄鱼山景区游客服务中心综合楼的二楼，是涠洲岛火山国家地质公园地质博物馆。博物馆建筑面积约2000平方米，内设序厅、神奇的火山岛、海岛夜话3个展厅，展览主要以火山地学为主体，以科普展览为主线，重点突出火山岛特色。展览区以图文展板及实物标本陈列为主，与电子沙盘、全息投影等现代高科技手段相结合，使博物馆成为一个集火山科普、海洋（历史）文化展示、旅游休闲为一体的自然科学馆。

五彩滩

红色广场是鳄鱼山景区的重要组成部分，位于涠洲岛湾背，占地面积 11200 平方米。景区内建有涠洲国防教育馆、烈士陵园、红色广场、红色剧场、红色之路、廉政路等，是集国防教育、廉政教育和文化观光为一体的红色旅游景区。景区通过大力开发涠洲岛从明清建立

火山公园

海防要塞，到抗战时期涠洲武装起义，再到 1950 年解放涠洲战役，以及中华人民共和国成立后人民军队建设涠洲等丰厚的历史文化资源，生动再现了涠洲军民在中国共产党的领导下艰苦卓绝的革命斗争历程，以及忠勇报国、不屈不挠、牺牲奉献、团结奋进的伟大精神，体现了海岛革命传统文化特色，让游客直观细致地了解先烈悲壮动人的革命事迹，了解涠洲解放的历史，从而受到一次生动的革命精神和爱国主义教育。

涠洲天主教堂是岛上最著名的人文地标。教堂掩映在一片绿影婆

娑的芭蕉林和菠萝蜜树林中，是广西壮族自治区沿海地区最大的天主教教堂。19 世纪 60 年代，法国传教士到涠洲传教，于清同治八年（1869 年）开始建造涠洲岛教堂，并于清光绪六年（1880 年）建成。整幢建筑最为奇特的是没有用钢筋水泥，用的全都是岛上的火山岩。被凿成方

涠洲岛天主教堂

块的火山岩通过用鸡蛋清、糯米、红糖等勾兑的粘合剂粘连，异常坚固，以至在历经了百年岁月和数不清的台风暴雨之后，教堂依旧挺拔完好。

石螺口景区位于涠洲岛西海岸，在这里，碧海、蓝天、沙滩、树林、渔船、躺椅……构成了一幅悠闲惬意的海岛风情画卷。石螺口景区拥有软绵的细沙、平缓的浪潮、漫长的海岸线、清澈的海水，岸滩上遍布仙人掌与绿树、野花，原始与自然尽显。因延绵的沙滩一直延伸到滴水丹屏景区，使得整个西海岸成为一处适合看日落的好地方。此外，石

石螺口海滩

螺口景区缤纷的珊瑚景观也吸引着游客们纷至沓来。

滴水丹屏原名滴水岩，位于涠洲岛西部的滴水村。滴水丹屏是北海老八景之一。这里的岩石形成的悬崖峭壁是典型的海蚀地貌，裸露着的岩层红、黄、紫、绿、青五色相间，纹理十分清晰，崖顶之上滕树缠绕，红花绿叶倒挂枝头，展现出旖旎多姿的色彩，故称“丹屏”。又因巨崖岩层上长年涌动着水珠，不断地向崖下滴落，故又取名“滴水”。滴水岩的形成堪称中国火山景观的奇迹。

滴水丹屏

冠头岭：海门屏障

冠头岭因“山石皆墨，穹窿如冠”而得名，此说见于明嘉靖年间《廉州府志》。冠头岭位于海城区西端，全长 3 千米，自西南向东北呈“弓”形走向，由海拔 120 米的主峰望楼岭与风门岭、丫髻岭、天马岭等山峦群体组成，东北延伸至石步岭南麓止，同向潜脉与石步岭、地角岭相连。东北俯瞰北海港，遥望市区；东南濒接南澫港；西南逼临北部湾，与涠洲岛隔海相望。冠头岭雄峙北部湾畔、北海市西南尽端，俯瞰古珠池，有“三廉海门”之称。冠头岭山体属砂岩石质，西麓被海浪侵蚀成陡壁，海滩岩石暴露，多怪石奇观。这里密林覆盖，绿荫苍郁，四季长青，气候温暖。登主峰可观碧波浩渺、朝晖夕霞、渔火点点的迷人景色。

冠头岭全景

冠头岭上的古迹龙王岩（即廉阳古洞）因海浪侵蚀沙岩而形成。其岩基裸露，现出突兀参差的怪石奇观；岩下因惊涛拍岸、潮声如雷形成的“龙岩潮音”成为北海一大景观。登岩远望，看海天共一色，帆影点点；听龙吟奏潮音，浪花翻卷……大自然的天籁美景，尽收眼底。

在主峰望楼岭西南麓面海处，有座古炮台。古炮台呈锥形，直径约 10 米，高约 3 米，由石块与石灰砌筑，没有古炮留存。据民国《合浦县志 · 兵制》记载，炮台筑于清康熙五十六年（1717 年），后于清光绪十一年（1885 年）中法战争时期改建。光绪十一年（1885 年）正月廿八日，法国军方宣布封锁北海港，史称“封港”，紧接着镇南关战役打响。在封港之前，两广总督张之洞已预得情报，急调原署廉、雷、高、罗四镇总兵官梁正源（名安真，北海疍家出身）驻北海主持防务。梁正源接防后，“自冠头岭至乾体，沿途（岸）筑土垒”。冠头岭和地角岭以及北海城区的东西炮台、乾体的红泥城（今毁）均是此时营建的。

1937 年 7 月 7 日，卢沟桥事变发生。9 月 27 日，日本军舰入侵北海水域，炮轰冠头岭我守军前沿阵地。于是“守备部队配合地方团队和征调民工”“构筑野战防御工事，主阵地（冠头岭）地带则配合 25% 钢筋混凝土作半永久工事”。日军舰曾几次企图强行登陆，但因慑于山上炮火的威力，不敢贸然行事。现存冠头岭海岸线的碉堡仅存数处。

冠头岭作为粤西海防的天然屏障，向来为历代主持边防的武弁大员所重视，故而留下了许多名将的足印屐齿。明朝抗倭名将俞大猷，于明嘉靖二十九年（1550 年）奉命征剿入寇钦廉的安南反贼范子仪而伏兵冠头岭，当贼船进犯龙门之时，俞大猷隐伏冠头岭的舟师迅速出击，生擒贼首之弟范子流并斩贼首二百级，还一方平安。清末著名爱国将领、民族英雄冯子材于清光绪十一年（1885 年）2 月取得名震中外的

冠头岭古炮台遗址

“镇南关大捷”后，奉旨撤军回国并裁减遣散军队。但他对法国人再度入侵的可能时存警惕，故极为关注北海边防设置和应变措施。同年，冯子材专程来到北海，在北海边防主将署四镇总兵梁正源等人的陪同下，对冠头岭和附近村寨躬亲勘踏，提出了切合具体地理条件实际的防务设施和对策。

冠头岭还是候鸟天堂，每年都会有成群的候鸟南下到此停歇。出现最多的候鸟是灰脸鵟鹰、日本松雀鹰、阿穆尔隼和凤头蜂鹰，此外还有赤腹鹰、普通鵟、燕隼和松雀鹰，以及红隼、蛇雕、白腹鹞、鹊鹞，甚至还出现过罕见的白腹海雕、栗鸢、高山兀鹫、乌雕、雀鹰等。

星岛湖：千岛迷宫

星岛湖景区位于洪潮江水库，依托水库而建，距合浦县城 18 千米，距市区约 40 千米，东北、西北分别相邻于钦州市的灵山县和钦北区。湖区面积 66 平方千米，湖内大小岛屿共 1026 个，与浙江千岛湖的岛屿数量相当。星岛湖湖面宽阔，水道幽深，湖区最深处可达 32 米，湖周青山环绕。这里水依岛，山绕水，水在林中流，山在林中长，湖、岛、山共存，山、岛、水媲美，给人以和谐共生、心旷神怡的美感。星岛湖还与北海银滩形成了“一海一湖、一咸一淡、沙滩绿岛”的优势互补旅游格局，不仅成为华南旅游新热点，而且成为北海银滩黄金旅游线上的一颗明珠。

星岛湖景区全景

合浦南国星岛湖

1996 年，中央电视台 98 版大型电视连续剧《水浒传》在星岛湖造景拍摄，留下了东、西两个拍摄点，俗称为水浒城东景区、西景区。东景区主要建设了聚义厅、瞭望塔、水寨三关、文殊院、水浒人物雕像群、梁山后寨，西景区主要建设了涌金门、六和塔、石拱桥、苏杭水街、水浒故事雕像群，整个水浒城掩藏于青山秀水之中。若乘坐游船，当船在如碧玉般的湖水中穿行，巧借山形水势建造的水浒城骤现眼前，不免让人有时空倒置之感，误以为闯进了 800 多年前的水泊梁山，这感受着实奇妙，值得回味。

有了水浒城东、西景区的加持，星岛湖成为一处集自然景观和古

星岛湖水浒城

典建筑于一体的综合性省级旅游度假区。景区陆续建设了相思园度假村、游泳场等旅游服务设施，并开发了皮划艇、水上自行车等体育运动项目，以及游船游艇体验、垂钓、观和平鸽等体验观光项目。景区接连举办了多次星岛湖万米马拉松挑战游泳赛、合浦星岛湖“一带一路”暨“中胜”杯钓鱼比赛等活动。经推广宣传和口碑传播，星岛湖景区的知名度、美誉度和市场影响力都在不断扩大和提高，现已达到能年接待游客 50 万人次的水平。星岛湖于 1996 年被评定为自治区旅游度假区，2002 年被国家水利部定为国家级水利风景区，2019 年被评为国家 4A 级旅游景区。

生态湿地

海岸卫士：山口红树林

山口红树林国家级自然保护区位于合浦县沙田半岛东西两侧，总面积8000万平方米，是中国第二个国家级红树林自然保护区。

红树林是热带亚热带海湾、河口泥滩上特有的常绿灌木和小乔木群落，有“海上森林”之称。红树林具有呼吸根或支柱根，种子可以在树上的果实中萌芽长成小苗，再脱离母株坠落于淤泥后发育生长。若小苗掉在海水中也能随波逐流，数月不死，一遇泥沙，数小时后即可生根。林繁叶茂的红树林不仅能为海洋生物及鸟类等提供理想的栖息环境，而且以其大量的凋落物为它们提供了充足的食物，从而形成并维持这个和谐相生的生态系统

园林式管理站、区碑

2000 年 1 月，山口红树林国家级自然保护区加入联合国教科文组织世界生物圈；2002 年，被列为国际重要湿地。

山口红树林国家级自然保护区由沙田半岛东侧和西侧的海域、陆域及全部滩涂组成。东侧区域的土壤是火山灰发育而成，滩涂淤泥肥沃，红树林生长茂盛；西岸区域的滩涂为淤泥质，也适宜红树林生长。保护区所处的地理位置光热条件较好——冬季低温影响小，海湾封闭性好，风浪、潮汐、余流作用较弱，岸滩稳定，海水水质洁净，正是红树林大面积分布和生存的理想区域。

山口红树林是我国大陆海岸红树林中的一员。这片发育良好、结构独特、连片较大、保存较完整的天然红树林中有红树植物 15 种（其中，真红树有木榄、秋茄、红海榄、桐花树、白骨壤、海桑、榄李、老鼠勒、银叶树、海漆 10 种；半红树有卤蕨、节槿、杨叶肖槿，水黄皮、海芒果5种)，浮游植物96种，底栖硅藻158种，鱼82种，贝90种，虾蟹61种，鸟类132种，昆虫258种，其他动物26种。尤其是位于山口红树林国家级自然保护区核心区英罗港分区的红树林，它们个个高大挺拔，根深叶茂，十分壮观，在我国极为罕见。

1992年3月，国家海洋局和广西壮族自治区政府共同在保护区竖

立了“山口红树林国家级生态自然保护区”区碑。保护区坚持“养护为主，适度开发，持续发展”的保护方针，与国内外科研所、大专院校紧密合作，开展红树林科学研究，探索红树林资源合理的综合开发和持续利用途径，努力把保护区建成为集红树林资源保护、研究、教学、国际交流、旅游开发于一体的生态基地。

北岸红树林

多样风情：金海湾

金海湾红树林生态旅游区位于北海银滩国家旅游度假区东面，坐落在龙潭大冠沙海岸线一侧，面积约 20 平方千米。旅游区是一个以红树林为主体、疍家文化为特征，极富滨海湿地风情和民俗文化内涵的国家 4A 级旅游景区。

旅游区内约 200 公顷红树林层层叠叠、郁郁苍苍，成群的白鹭或翩然起舞，或怡然休憩。在红树林生长的滩涂上，招潮蟹、弹涂鱼、中华鲎、贝类等海洋生物随处可见。

旅游区的疍家民俗园由疍家风情展示长廊、疍家生活展馆、疍家表演区、疍家美食区和疍家赶海区等构成，实景呈现了海上人家的生活

成群的白鹭

招潮蟹

弹涂鱼

场面，极具特色。金海湾红树林是疍家人传统赶海劳作之地，每天数千疍家渔民在此赶海。这里盛产丰富的海产品，著名特产“沙虫”是我国最顶级的海鲜之一。退潮时，游客可在景区赶海接待处租赁工具，像当

赶海归来

地疍家渔民一样在沙滩上耙螺、挖沙虫、抓螃蟹，享受劳作与收获的无限乐趣。

旅游区设有“北海潮”中国北海国际户外动态雕塑长廊，收藏有

国际动态艺术组织（KAO）创始人、现任主席拉尔·方索等 4 个国家共 12 名大师的参展作品。《泉之花》《蓝色的风》等大师的创意之作，为游客奉献了一场艺术与自然有机融合的感官盛宴。

金海湾红树林

滨海湿地：冯家江

冯家江位于北海市银海区银滩东部与龙潭辖区之间，是北海市最大的内陆潮汐河流。其由北向南流经冯家村、江边村、古城岭、赤江口、曲湾村等村庄。冯家江上游有个鲤鱼地水库，有淡水源头；下游生长有红树林和罗非鱼等一些淡水鱼。冯家江在北海银滩附近入海。

20 世纪 90 年代，冯家江的水质逐年恶化，长期处于 V 类水平。含有机氨氮等污染物的污水被排入冯家江，周围湿地植被和水生生物受到

广西北海滨海国家湿地公园全景

侵害，生物多样性不断下降，红树林生态系统衰退，也影响了金海湾和银滩的生态环境。

2016 年，北海滨海国家湿地公园将冯家江流域纳入了湿地公园范围。2017 年，北海市提出“生态立市”方针。2018 年，冯家江流域水环境治理项目开工。2019 年，北海“蓝色海湾”整治行动获国家自然资源部、财政部批复，北海滨海国家湿地公园（冯家江流域）生态修复上升为整治行动的一部分。

经治理，冯家江流域的红树林又恢复了往日的兴盛，不但长势好，红树林品种还发展到了 17 种。各种海鸟、候鸟由 2017 年的 136 种增加至现在的 171 种，连世界极危鸟类勺嘴鹬，以及环志鸟、黑翅鸢、褐翅鸦鹃等十多种国家二级保护鸟类都来冯家江作客。江中和滩涂消除了污染之后，沙虫、泥虫、招潮蟹等底栖生物种类不断增多，由 2017 年的 66 种增加至现在的 89 种。2021 年 1 月 15 日，冯家江入海口东侧成为北海滨海国家湿地公园的主园区正式开园。

湿地公园

在冯家江流域还配套建设了城市公园，里面有观鸟基地、沙洲赶海、湿地栈道等设施和游乐项目，让游人徜徉其中流连忘返。

冯家江上还相继建设了五座桥梁——鲤鱼地水库堤坝桥、龙潭路水泥桥、小湾江桥、赤江大桥和入海口大桥。这五座桥梁的架设和开通，不仅促进了冯家江周边经济的发展，还沟通了园博园、金海湾、银滩之间的东西联系。

园博园：城市绿心

北海园博园位于北海市南珠大道以东、银滩大道以北，是 2014 年第四届广西园博会的举办地，也是北海城市绿心的核心组成部分，总用地面积约 2.98 平方千米。

北海园博园以“花海丝路 绿映珠城”为主题，突出体现北海城市发展的历史与滨海文化特色，是一个由会址公园、园艺博览、生态游乐、民俗体验及特色产业基地相结合的生态旅游综合功能区。园博园空间布局为“一轴三环”，象征着北海从汉代到近代再到现代的三次对外开放，着重展现“科技北海”“人文北海”“生态北海”，以丰富“国家历史文化名城”内涵，彰显北海“生态宜居城市”魅力。园区主要包括“铜凤迎宾”“北海印象”“盛世领航”“花海丝路”“欢乐水岸”“风情水街”“花港鱼湾”“主场馆区”“各城市展园”等景观，被营造为一个集园林艺术展示观赏、市民休闲娱乐、游客观赏度假于一体的综合性城市公园。

北海园博园整个区域将打造“一廊八区”，其中“一廊”为滨水绿廊，“八区”分别为园博园、国家级滨海湿地公园、红树林湿地公园、

园博园海之贝馆

罗汉观苍（罗汉松种植基地）、绿野怡情（野外运动休闲区）、翠园留芳（第一植物园）、阡陌映秀（生态农业园）、百果飘香（热带水果种植基地）。北海园博园是北海新的旅游名片，也是展示北海城市形象的重要窗口。

俯瞰北海市园博园

极地科普

海下探秘：海洋之窗

北海海洋之窗是国家4A级旅游景区、全国科普教育基地，坐落于富饶美丽的北部湾之滨，景区占地2.1万平方米，建筑面积1.81万平方米。景区主要由动感绚丽的活体珊瑚、蕴含丰富的航海历史文化、包罗万象的科普知识、高科技造景技术打造的新一代无水水族馆以及逼真刺激的4D动感影院构成，是一座引领海洋科技时尚、传播海洋文化品位、领略海洋无限风光的大型综合性海洋博览馆。

海洋之窗利用先进的养生技术，打造出目前最大的活体珊瑚室内饲养池，将海洋里的活体珊瑚进行展示，旨在传达关爱海洋的理念；海洋之窗还将高科技造景引入生态环保展示，让游客在室内就可以详尽了解海洋家族中重要成员的实际情况，掌握丰富的海洋知识。这里的海洋剧场可容纳500多名观众同时欣赏精彩的人鲨共舞潜水表演，这是人与自然和谐共处的生动体现。而在海洋资源展厅里，探测卫星模型、潮汐发电原理模型、海上石油钻井平台模型和海洋矿产实物，以及鲸鱼、鲨

海洋之窗

鱼骨骼等各类科普和实物展示，都告诉游客要合理开发利用海洋资源；海洋之窗更将中西方航海历史文化如海上丝绸之路始发港、郑和七下西洋、欧洲航海史等，专用 3 个展厅进行阐述。游客仿佛徜徉在历史长河里，“保护环境，造福后代”的环保理念渐入人心。

海洋之窗真正以其多元化的展示手段和多层次的展览内容，做到寓教于游。自开馆以来，在全国同类海洋馆中处于领军地位，国内很多行家纷纷前来海洋之窗观摩考察。海洋之窗已获广西科普教育基地、北海拥军科普教育基地，国家 4A 级旅游景区，广西科普教育示范基地，北海职业学院教育基地等多项荣誉称号。

活体珊瑚

魔幻大观：海底世界

北海海底世界是国家4A级旅游景区、全国海洋科普教育基地，是一家以展示海洋生物为主，集观赏、旅游、青少年科普教育为一体的大型综合性海洋馆。

北海海底世界现分为海底花园、海底长廊、世界大观、亚马逊雨林、玛雅山岗、亚马孙科普区、中华水世界、海龟岛、海狮湾、魔鬼鱼主题馆、南中国海珍稀标本馆、吴哥雨林、魔鬼鱼表演区、海狮表演区、渔人码头、北部湾海岸、360度海底环游、百米海底隧道、海底剧场、海底失落城、大堡礁鲨鱼馆、梦幻水母馆、极地企鹅馆、棕榈湾奇趣乐园、两栖爬行部落、海洋精灵王国等26个游览景观。北海海底世界总储水量超8000吨，建筑总面积3.8万平方米，其文化内涵、展示方式、规模和鱼类品种在全国海洋馆中名列前茅。

在这里，每天都有多场精彩刺激的表演。如：水下优美演绎的“人鱼传说”；身着比基尼泳装的“美人鱼”与鲨共舞的曼妙奇观；隆重的海底婚礼延续着《泰坦尼克号》中那令人荡气回肠的经典爱情故事；漫步海底隧道，不仅有精彩新颖的魔鬼鱼表演、海狮表演，还能看到沉没的古埃及神庙、古代海上丝绸之路的沉没古船、第二次世界大战中的沉船和飞机残骸、正在熊熊喷发的海底火山，还有来自太平洋和印度洋的上千种珍奇鱼类，以及重达15吨的鲸鱼骨骼和素有美人鱼之称的儒艮标本等。

除了惊奇的表演，在海底世界，游客还能零距离接触国内最大的魔鬼鱼、国内最大的噬人鲨，以及从渤海千里漂流到侨港海面的海豹“奇奇”、聪明可爱的动物明星南美海狮、万里迢迢而来的超萌极地企鹅等海洋动物。

“美人鱼”表演

海丝首港：穿越古今

海丝首港是国家4A级旅游景区，也是推进北海市海丝文化旅游带建设的龙头项目。

景区位于北海市廉州新城核心区域和汉代最早海上丝绸之路始发港出海口，总投资约39亿，规划总面积约73.33万平方米。一期投资20.81亿元，用地面积24.13万平方米，用海面积32.47万平方米，建筑面积约24.87万平方米；二期“合浦始发港文物奇妙之旅”总投资18亿元，用地面积约16万平方米，用海面积约8.47万平方米。一期已于2021年10月15日对外试营业。景区投入运营后，将与北海银滩、涠洲岛构成北海全域旅游“三足鼎立”的新格局。海丝首港景区规划建设“一线四区”：环廉州湾海上航线、合浦始发港景区、海丝风情文化岛、木案生态旅游区、外沙码头景区，形成80平方千米景区旅游圈，是集海丝文化体验、全景交互式演艺、休闲旅游度假、生态旅游观光于一体的多元化旅游目的地。

外沙码头景区位于海城区外沙岛，占地约1.7万平方米，地处北海

海丝首港烟花秀

老城区，为疍家人的聚居地，所处区位条件优越，比邻北海老街，步行仅 200 米就可到达环廉州湾海上航线的起点。这里也是北海北岸最大的海景观赏平台、最美晚霞打卡地。

合浦海丝首港景区位于合浦县烟楼，也即未来的廉州新城核心区。景区拥有五大游览区，包括首港广场、合浦始发港、红林白鹭海岸、夕海之境、海岛之境；拥有创意丰富的陆海旅游项目，包括海边市集、首港古堡、全景交互式生活港、桐花树亲海栈道、亲子沙滩乐园、音乐岛、汐海阁、忘忧礼堂、孤岛书馆等，陆海游览范围近 30 平方千米。

首港广场建有充满异域风情的木舟模型，层楼叠榭，以及气势恢宏的古堡，是超级出片的网红打卡点，可与历史同框，可寻千年海丝踪迹。在这里既可以在古中国和西域等不同风格的建筑平台上打卡拍照；

还可以在停靠内港的异域商船旁近距离观看演员表演，与演员互动；等到傍晚时分，在始发港拾级而上又可欣赏不一样的古港落日霞光；夜幕降临，则可以去小铺购买特色产品，留下美好回忆。

海丝首港满潮节

海港商贾云集，码头市井欢腾，汉街人潮涌动，渔村炊烟袅袅，民宿春暖花开，美食遍布街巷……两千多年前的始发港，生活正在这里如常展开。

海丝首港灯光秀

民淳俗厚

古雅传说
声韵传情
村歌社舞
什样杂耍
巧工神技
淳厚风俗

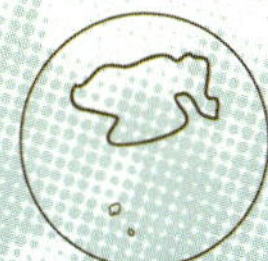

北海市非物质文化遗产分布示意图

国家级非物质文化遗产代表性项目名录

传统美术

合浦角雕技艺

传统技艺

北海贝雕技艺

合浦角雕技艺

“合浦珠还”民间传说

海城区

北海市

北海贝雕技艺

银海区

北海市

涠洲岛

斜阳岛

北海耍花楼

疍家婚礼

自治区级非物质文化遗产代表性项目名录

曲艺
- 老杨公
- 合浦公馆木鱼

民间文学
- 『合浦珠还』民间传说
- 美人鱼传说

传统戏剧
- 北海粤剧
- 山口杖头木偶戏

传统舞蹈
- 北海五方舞（道公舞）
- 北海耍花楼

传统体育、游艺与杂技
- 李家拳及南蛇过垌
- 合浦上刀梯过火海
- 合浦关圣大刀刀法

传统医药
- 利家艾灸疗法
- 珠光瑰膏药制作技艺

传统音乐
- 北海咸水歌

传统美术
- 木雕（合浦乌木雕）
- 木雕（合浦李氏木雕）

传统技艺
- 北海疍家服饰制作技艺
- 北海沙蟹汁制作技艺
- 赤江陶烧制技艺
- 合浦金银首饰制作技艺
- 合浦大月饼制作技艺
- 乾江沙谷米制作技艺
- 合浦主壳糭制作技艺
- 古法造船技艺
- 北海老船木家具制作技艺
- 侨港粉制作技艺

民俗
- 疍家婚礼
- 外沙龙母庙会
- 三婆信俗
- 北海开海习俗
- 北海海上扒龙船习俗
- 眼子（北部湾渔民关于潮汐的知识及相关实践）

合浦县

铁山港区

古雅传说

“合浦珠还”外传

《后汉书·孟尝传》记载有“合浦珠还”的正传，而民间还流传着“合浦珠还”的种种外传。

其中，最具代表性的一种说法是：古时，皇帝派太监坐镇珠城，强迫珠民下海采捕夜明珠，当地采珠能手海生被征去红石潭采珠。此处水深礁多，更有两条巨型恶鲨日夜守护着夜明珠。海生为了解救珠民，不畏险恶，下海与恶鲨搏斗，不料身负重伤，鲜血直流，幸得海底的珍珠公主全力救助，才免于一死。公主了解海生来意后，将夜明珠献给海生转呈圣上。海生回到岸上后，太监闻讯赶来，并用一块崭新的红布将夜明珠包实锁入檀香木盒内，连夜派重兵押运至京城。但未待兵将走出附近的梅岭，忽见海面一道白光，夜明珠竟不翼而飞。太监慌忙勒令调头回城，又强派珠民继续潜海寻找夜明珠。海生再次被迫下海，又遇见了珍珠公主，爱慕着海生的公主不忍心让海生再次冒险，便又把自己的夜明珠献给海生。海生感恩不尽，抱着夜明珠回到岸上。太监这次获珠

大型神话粤剧《珠还合浦》

后，不敢轻举妄动，左思右想，决定“割股藏珠”，待伤口痊愈后，再起程回京。结果，走到梅岭的时候，又忽然天昏地暗，惊雷四起，太监的坐骑受惊狂奔，把太监摔昏在地，且又见一道白光划破海面。太监醒来叫人割开伤口，发现夜明珠踪影全无。太监知道返京必死无疑，只好绝望地吞金而亡。

“美人鱼”传说

“美人鱼”传说主要流传于环北部湾一带，即今铁山港营盘镇和合浦县沙田镇的沿海地区。“美人鱼”传说以鲜明的形象、生动的故事、感人的细节、深厚的感情寄托了人民颂真揭假、扬善除恶、崇美恶丑的理想和追求。

北海市合浦县广场的美人鱼雕像

相传，青年渔民林元摇船出海遇到鲨怪追噬，林元奋起与之搏斗，不幸被咬至重伤。生死关头，人鱼公主挺身相助，以夜明珠强光和宝剑利刃射刺鲨怪，鲨怪负伤逃走，人鱼公主带林元返海底水晶宫救治。在公主的精心护理下，林元很快痊愈。两人也在朝夕相处之间感情日渐加深，不久后便结为夫妻。林元带公主返回家中，过上了美满幸福的生活。聪慧善良、乐于助人的人鱼公主，在深夜还会用夜明珠为织网的乡亲照明。不料这个消息传开后，县令带领兵丁前来夺珠抢人，林元在反抗中惨遭杀害。人鱼公主悲愤万分，在刺死县令后含泪忍悲返回海底。此后，她时常想念丈夫泪珠不断，珠贝吞其泪，孕育出无数晶莹的珍珠。

另外还有一则传说。南海龙宫乌龟丞相因贪赃枉法被龙王驱逐到铁山港，他伺机作乱。他将妖术传授给蟹精，蟹精对他言听计从，帮他向渔民和珠民强行收租，闹得民不聊生。当地百姓愤起反抗，蟹精却卷起妖风，将百姓的瓦房茅舍夷为平地，甚至将百姓卷入半空后再扔在滩涂上。龙王三公主见到这番惨状，施用仙术将遇难乡亲全部救活。此后，她又帮群众搭棚盖房、修补鱼网，并以自己的智慧和本领解除了蟹精的妖法，处死了乌龟丞相，替百姓报了仇。龙王感其救民于危难间，颁旨为她建造花园，三公主不受，毅然来到沙田海湾生活，帮助沿海百姓从事种田织布、造船织网、采珍珠等农事活动。

新渡古圩传奇故事

新渡古圩传奇故事记录了发生在合浦县曲樟乡新渡村古圩的一系列传奇故事，内容主要有伏波将军开栈道，鲤鱼背金银，月亮湾船歌，撑船佬修庙求平安，举人陈竺书祭江、祭鬼，陈鸿才锦鲤落新渡，陈铭枢捐筑新渡桥，早田沟水冲鲤鱼，月亮湾长生大龙鲤等。新渡古圩传奇故事以口头传承历史事实，以史实加文学方式强化记忆，以趣味性渗透人们心灵，让历史故事代代相传，引人向善、向美，具有传承历史、播种文化文明的作用和考古、文学创作、旅游开发等价值。

合浦叶传说

合浦大廉山有一个流传了近两千年的传说。

相传，合浦郡东两百里外的山上有一棵杉树。东汉永初五年（111年）春，杉叶随风飘进洛阳城。一位名叫廉盛的术士，将这比普通杉叶大上数十倍的杉叶呈给皇帝，说这是合浦郡城东的杉叶，它飞抵洛阳，预示着合浦将有王者出现。于是，皇帝派官员到合浦，组织千人来砍伐这棵杉树，最后在死伤百余位役夫的情况下才将其砍断。这个传说被晋代嵇含写进了《南方草木状》中，而同属晋代的刘欣期在《交州记》中也几乎一字不差地记载了此事。从此，合浦叶传说在后代中流传甚广，以至于还被一些文人写进了诗里。如南朝梁时的文学家、史学家吴均所作的“三秋合浦叶，九月洞庭枝”，可能是目前为止最早描写合浦叶的诗句。此后，合浦叶在诗歌里跨越了数个朝代，如隋朝薛道衡的“枫（杉）叶朝飞向京洛，文鱼夜过历吴洲”，南朝陈江总的“传闻合浦叶，远向洛阳飞”，唐朝沈佺期的“还将合浦叶，俱向洛城飞”、宋之问的“逐伴谁怜合浦叶，思归岂食桂江鱼”、张说的“传闻合浦叶，曾向洛阳飞”、皇甫冉的“心同合浦叶，命寄首阳薇”，明代王世贞的“孤心合浦叶，远调峄阳桐”等。

在这些诗人的笔下，合浦叶已变为隐喻贤人君子在风尘流离中对回归朝廷的殷殷期盼之情，这可能跟历史上合浦长期作为官员的贬谪之地有关。据《汉书》《后汉书》等所载，自西汉后期起，“徙合浦”事件屡有发生。仅从西汉阳朔元年（公元前24年）到西汉元始五年（公元5年）的近30年间，因罪“徙合浦”并留下名字的就有百余人，其中不乏王侯外戚。宋朝大名鼎鼎的苏东坡也在合浦被安置过一段时间。

铜鼓塘和铜船湖传说

铜鼓塘在廉州，铜船湖在石康，铜鼓塘和铜船湖传说源自马援南征交趾的历史故事。

相传，当年马援率军到合浦，因合浦气候潮湿，所携战鼓声音沉闷，于是便向当地人学习制鼓技艺，做成的铜鼓发出的鼓声远隔十余里都清晰可闻。后来，附近的江中有凶蛟害民，马援挖了一个深塘，诱凶蛟至塘中，然后敲击铜鼓将其成功镇压在塘底。铜鼓塘由此得名。

铜船湖的传说在《方舆记》中有记载：“马援铸铜船五只，一留此湖中，四只将过海征林邑。”至于留下的这只铜船在哪，晋代刘欣期《交州记》则写得很清楚：“有一湖去合浦四十里，每阴雨日，百姓见有铜船出水。又有一牛在湖中，以鸡酒为祭便大获鱼；若此礼不设，惟得牛粪而已。”这些说法常被后人引用，如明代屈大均的《广东新语》中说“合浦之北铜船湖，复有一大铜牛，时浮出水。”清代李调元的《南越笔记》中说“铜船在合浦，相传马援铸铜船五，以其四往征林邑，留一于此。天阴雨浮出湖面，樵捕者常得见之，因名湖曰铜船湖。”可惜文中所讲的铜船如今已不见踪影。

声韵传情

北海咸水歌

简介

北海咸水歌因传唱地域得名。咸水就是海水，咸水歌正是在海上或海边渔民们唱的歌，也可以称为渔歌。这种歌谣，随着疍民迁徙，在北海的文化土壤落地生根，既保持原生地同名歌种的血缘关系，又吸收了迁入地土著歌种的养分，至今已形成独特风格，成为北部湾沿海一带以船为家的疍民世代传承的歌种。

流传地带

主要流传于外沙、地角一带。

种类划分

按照歌曲内容分为生产歌（包括打渔歌、摇橹歌、出海歌、驳艇歌等）、生活歌（包括情歌、嫁娶歌、丧葬歌、儿歌等）

按照演唱情绪分为“欢歌”和“苦歌”

按照歌曲曲调分为“叹”和“唱”（疍家人更常用“叹”）

2010 年，北海咸水歌被列入第三批自治区级非物质文化遗产代表性项目名录

细分注释

- “叹”分三种

“叹”是一种轻声细语的吟唱，感情内在含蓄，旋律平缓柔和，歌词与语言、音调结合紧密，连说带唱的即兴性极强。

一、“叹家姐”，又名“哭家姐”	过去仅在婚礼前疍家女“哭嫁”时歌唱，发展至今已不局限于哭嫁时唱，而被广泛地运用于日常生活中的各种喜庆场合。
二、“唉调”，又称“哭丧调”	以长衬词“唉”而得名，专门用于丧礼及祭祀场合，内容大多传颂先辈的功绩，寄托哀思，悼念亲人，旋律情调低沉委婉，悱恻哀怨。
三、“叹调”	男性疍民相互以歌逗乐和疍家婚礼“伴郎”仪式中演唱的曲调，多由两人对唱，一问一答，偶尔有独唱，内容有叹字眼、叹古人、叹物等。

旋律·节拍·唱词

咸水歌音域较窄，调式体系以宫、商、角、徵、羽五个乐音组成的五声调式为主。

音区较低，声调有阴平、阳平、上声、阴去、阴入、中入、阳去、阳入八种。

旋律性不强，以无节拍的散拍为主，初具节拍特征的旋律仅占少部分，严格意义上的规整化节拍更为少见。

歌词大多具有实际意义，很少使用装饰性辞藻。

意义价值

咸水歌渗透在疍民生活的方方面面，它真实记载了疍民的生产劳动、经济发展过程。其不仅是疍家民俗礼仪性质和过程的标志，还是疍家人界定、理解和表达“美”的一种方式，蕴含浓厚的疍家风情和气息，从精神上深刻地揭示了疍民的审美观和人格特征。

廉州山歌剧

简介

廉州山歌剧起源于西汉时代的合浦古郡，为常乐圩（今常乐镇）一对程姓及吕姓夫妇根据当时的廉州山歌所创，在原有的廉州山歌调的基础上做了改革和创新，并加以传承发扬。

流传地带

主要分布在合浦县的廉州、石湾、石康、常乐、十字路、党江、星岛湖、乌家、沙岗、西场等十个讲廉州话的乡镇，也为北海市地角、高德、咸田、福成以及钦州市犀牛脚一带和浦北、灵山县部分地区的群众所熟悉。

旋律·节拍·唱词

歌词格律主要有“七绝体”“杂言体”“七绝间自由体”等。其中，以“七绝体”最为常见，其次是杂言体，而七绝间自由体的唱词是在七言四句的基础上掺杂穿插个别其他句式的句子组合而成。歌词大多都是即兴编唱、随口而出，且讲究押韵，还善用起兴、双关、谐音、比拟、拆字、叠字、歇后语、顶真格等表现手法，对歌词编排的艺术性极其讲究。

细分注释

- 在第一支歌开头定韵，此后每位歌手都要依照这个韵辙轮换传接下去，中间就算换韵，也要用歌来起头变换。一般都是唱够相当长的时间才重新起头换韵。只会唱“散头韵”的歌手通常不受欢迎。
- 韵脚共有22个——“人心”“关拦”“圈联”“秋流”“边连”“支离”“衰来”“西犁”“松容”“蕉辽”“区苏”“屈息”“撇屑”“晒带”“多唆”“花纱”“缺雪”“勒仄”“曲宿”“锭靓”“爹些”“稍劳”。

2008年，廉州山歌剧被列入市级非物质文化遗产代表性项目名录

表达手段中比较看重的是衬词的运用。相对而言，结构短小的单音节衬字和双音节衬词运用较多，而多音节的衬词和结构长的衬句则较少出现。

细分注释

- 语气衬词，如“呀、啊、哎、哪……”等，运用极其普遍。
- 称谓衬词，编入歌中的人称代词，字面上尽管有明确的概念，但不是真正意义上的称呼指代，并且常与歌词内容没有必然联系，仅仅是歌手一些口头表述的习惯所致，时常为了自我表达或相互对答、呼应的需要而在歌中插入。
- 惯用衬词，通常是一个在传承演变中失去了自身原有意义的词汇，它所处的结构部位大体相同，歌唱时旋律也相对固定，相当于此类歌曲的一个鲜明标志。

调式主要有“五声调式”和“五音音阶”两种。音域在一个六度之内。使用人声音域的中、低音区用真嗓演唱，且惯用“滑音”“倚音”“波音”来修饰。

以无功能性节拍的散拍子和初具规整化的节拍为主，每分钟唱七八拍。

意义价值

廉州山歌剧从过去单调的山歌对唱形式中脱颖而出，曲牌与唱腔独具特色，具有较高的艺术鉴赏价值、历史研究价值和实用价值。研究廉州山歌剧，可增进对合浦民俗、文化、历史发展脉络的认识和了解。廉州山歌剧欢快的表演形式为人们所喜闻乐见，且拥有一批拥趸，故重拾该项艺术可以活跃群众文化生活，促进社会和谐。

老杨公

简介

老杨公是广为流传的一种民间曲艺，源自中国宗教歌舞的鼻祖——傩舞。歌舞艺术形式于东汉形成后便开始蜕变，逐步从傩舞演变为民间戏曲艺术并盛行于明清时期。老杨公以廉州话演唱，廉州话中称“面具”为“鬼面壳”，称“摆渡人”为“老杨公”，老杨公因此得名。老杨公常在婚娶、乔迁、年节等喜庆的日子演出，成为珠乡人喜闻乐见的原生态民间文艺之一。

表演程序

仙姑手持花扇叹唱“东海歌”出场，老杨公戴着面具，左手拿着一条纸筒火，右手执一把船桨，唱着“西海歌”与仙姑搭讪，接着用“顺口溜”讲故事，展开戏剧性的情节，直到老杨公边摇船桨边唱“撑船调”“棹船调”和“西江月”送仙姑登岸、仙姑唱“犯仙调”向老杨公告别而去，表演才算结束。

2010 年，老杨公被列入第三批自治区级非物质文化遗产代表性项目名录

流传地带

盛行于北海、合浦、钦州等廉州话地区。

旋律 · 节拍 · 唱词

曲牌由海歌和小调构成，整套曲牌的主体由“东海歌”“西海歌”“撑船调”“棹船调”组成，此外还有“大堂歌”“犯仙调”“西江月”“判家档”等辅唱曲牌。曲调诙谐活泼，富有浓郁的乡土气息。

对歌是老杨公既精彩又激烈的部分。仙姑与老杨公你来我往，用一韵到底的“西海歌”对唱，连续三支歌对不上者为输。若是仙姑输了，其他歌手可以另开一局接唱。若是老杨公输了，便要剥掉被老杨公视为至尊的鬼面壳。

合浦公馆木鱼

2012 年 5 月，合浦公馆木鱼被列入第四批自治区级非物质文化遗产代表性项目名录

简介

合浦公馆木鱼是合浦群众特别是当地客家人喜闻乐见的一种曲艺说唱形式。公馆木鱼又名“牡丹花”“金牡丹女”“金牡丹”等。相传，明嘉靖年间，廉州府内张五爷见民间女子牡丹花聪明貌美，便强抢入府，霸占为妾。廉湖书院（旧址在公馆至曲樟途中，今址在曲樟乡荷树坪村路口处）的书生们知道后，据理力争，却被抓入狱。后张五爷迫于民众压力，释放了牡丹花和书生。艺人据此编造“牡丹花”曲调，将此事传唱民间。

流传地带

流传于合浦县公馆、闸口、曲樟、白沙一带客家人聚居地。

旋律 · 节拍 · 唱词

歌词、快板均以七言诗为主，偶有三五言的词句出现，多言极为少见。

措词为当地客家的通俗语言，基本符合汉语语法。

唱词、快板甚至连道白都强调双句押韵，并且要符合客家话的音韵。

由上下两个乐段构成。前半段无固定曲谱，遵循方言歌“问字要音”法则，按客家话读音配谱；后半段接固定的尾腔和衬词。在一个乐句中需要完整地演唱一句歌词，没有“破句”“重音倒置”与“倒字”的现象。如，上句尾腔的衬词是——“那个呢呀金牡丹女哪”，下句尾腔的衬词一定是——“牡丹花，一对鸳鸯对凤凰哪”。句式易编、易记、朗朗上口，颇为客家人所喜爱。

意义价值

因客家话具有良好的传承性和稳定性，故公馆木鱼体现出鲜明的客家文化色彩，以歌代言，以诗表意，充分体现了曲艺表演的便利性、灵活性。

山口杖头木偶戏

2016 年 11 月，山口杖头木偶戏被列入第六批自治区级非物质文化遗产代表性项目名录

简介

山口杖头木偶戏经几百年的传承与发展，积累下来的表演剧目已超过 300 个，如《穆桂英挂帅》《赵双阳追夫》等。人们办喜事以及举办庆典活动时，都会请来木偶戏团演出山口杖头木偶戏。

流传地带

在合浦县东部一带流行了几百年。

旋律 · 节拍 · 唱词

山口木偶戏的角色可分为旦、生、净、末、丑、杂六大类，其中，旦又可细分为花旦、夫旦、老旦，生分为文生、武生。各种角色形象不一，且不同角色所用的唱腔、音调不一，表演者需要具备全面的功夫。

表演方式

一般有表演者、配音者、配乐者。配音者用粤剧的唱腔，按照小说的内容即兴发挥，表演者根据配音内容操控木偶，配音者和表演者也可为同一人。配乐仅由一个人完成。

杖头木偶由表演者操纵一根命杆（与头相连）和两根手杆（与手相连）来表演，因而又称托棍木偶。命杆为主杆，手杆为侧杆。表演者操纵时，一般左手持主杆，右手持侧杆，举起木偶操纵其动作。杖头木偶的头由木头雕刻成形，内藏机关，嘴、眼皆可动。命杆为木、竹所制，手杆与手、肘相接。

掌板是粤剧用语，是乐器指挥的意思。负责“掌板”配乐的乐手，需要手、脚、口并用——左手打锣，右手打双皮鼓、沙的、扣锣，脚打钹锣，口吹唢呐。

村歌社舞

北海耍花楼

耍花楼

耍花楼原称洒花楼，是一种民间宗教信仰舞蹈，可追溯到远古驱鬼逐疫的傩舞。1958 年，合浦县为参加广州军区文艺会演，编排了《赶会》，创编人员进行了大胆的革新，首次将原来的“洒”字改为“耍”字，取其娱乐玩耍之意，舍其“洒秽气”的封建迷信色彩。发展到今天，耍花楼已经成为庆丰收、迎新春的喜庆歌舞类别。

耍花楼用合浦本地话廉州方言演唱，主要流传于廉州、党江、西场、沙岗、石湾、写家等讲廉州话的乡镇，具有浓郁的地方风情。

耍花楼也称“跳六害”，分为“小耍”和“大耍”两种。“小耍”由两名锣鼓手配合一名法师喃诵《六害科经》；而“大耍”像演戏一样，有情节、角色、唱词、对白、歌舞。现较流行的是一男一女身穿传统服装对唱对舞——男的手持花伞，女的手持扇子和手帕，边唱边舞，唱的主要曲调有“花楼调”“石榴花”“采茶调”“挂金索”“二环调”等，舞的主要功夫有男式的毯子功、伞子功、腰腿功、矮步功以及女式的扇子功、手帕功、碎步功。

2012 年，耍花楼被列入第四批自治区级非物质文化遗产代表性项目名录。

北海五方舞（“道公舞”）

北海五方舞，又名“道公舞”，是民间向五方天王、佛祖祈佑人畜平安、五谷丰登、接引亡魂顺达天堂的一种祭祀舞蹈，主要流行于北海市地角、侨港和合浦乾江一带。

五方舞通常由执鼓、大锣、大钹三人在东、南、西、北、中五个方位绕“∞”字形进行表演，其余伴斗者随其行进路线跟进。表演时，伴斗者手持器械（如剑）等，喃诵佛乐，且通过踏步、跳跃、转体、弯腰、摆手等动作，达到请神、祈福、超度、驱鬼等目的。

五方舞的舞蹈展示形式有多种，如“独跳鬼”为单人舞，“小跳鬼”为双人舞，“大跳鬼”为多人舞。“小跳鬼”多用于为有病魔缠身的患者驱鬼逐魔、消灾祈福，风格粗犷古朴。“大跳鬼”多用于生日宴及祭祀还福的场合，感谢神灵的庇佑，祈求来年风调雨顺、人畜兴旺。舞蹈里有唐僧、大头鬼、小头鬼、王长鬼、牛头马面等诸多宗教信仰里的角色。

2014 年，北海五方舞（“道公舞”）被列入第五批自治区级非物质文化遗产代表性项目名录。

什样杂耍

李家拳及“南蛇过垌”

中国武术博大精深，历史上有“南拳北腿”之说。李家拳是南拳五大流派之一，而“南蛇过垌”则是在李家拳的基础上创编而成，属南派拟形拳。

李家拳的历史考究可追溯至明朝末年。20 世纪 30 年代，在国民革命军李济深部任校级武术教官兼医官的赖成已，集多年练习李家拳的经验和体会，融会贯通，在李家拳的基础上创编“南蛇过垌”，轰动广州武术界。1938 年，赖成已卸任返乡，定居合浦并开馆收徒传授李家拳，随后将“南蛇过垌”传于得意门徒陈同庠，陈又将之传于黄永初。至此，李家拳及“南蛇过垌”开始在合浦地区流行。

李家拳有先练拳，后练脚的习惯。赖成已传授的李家拳比较完整，有李家拳谱（动作）10 段 62 式、肘法组合 4 式、拳法组合 7 式、李家拳车轮掌对练、李家拳歌（八句）、李家拳经；器械有三步穿扬刀（又名蝴蝶双刀）、棍、钯等；主要手法有三曲手、弹簧劲、四平拳、半边

李家拳及“南蛇过垌”

虎爪掌；身法有吞胸、虎背；步法以马步为基本步型，步伐沉稳，落地生根。全套动作劲力突击，上肢活动多，着重腰部运动，强调发短劲；腕及指随着动作的变化转换，善用肘、腕、爪的力量。

“南蛇过垌”是李家拳发展的最高层次。其运动线路保留传统南拳拳打四方的风格；步法以四平马为主，虚步、仆步、歇步为辅；手法、身法融内家、八卦于一体；掌法以勾手、蛇形掌为主；脚法以翘尾腿为主。全部套路模仿南蛇过垌的形态，由左顾右盼、蛇出洞、爬行、缠绕、觅食、捕食、受惊、归洞等部分组成，共 9 段 51 式。现如今，“南蛇过垌”已成为在广西流行的 33 个拳种之一，也是国家体委指定的广西武术重点拳种之一，为中国传统武术的重要组成部分。

2012 年，李家拳及“南蛇过垌”入选第四批自治区级非物质文化遗产代表性项目名录。

合浦上刀梯过火海

上刀梯过火海是民间庙会、祭社仪式常见的一项杂技表演，寓祈求平安吉祥、兴旺发达之意，主要流传于合浦县党江镇一带。该杂技一是借上刀梯表现久经磨练的脚板，二是借过火山表现光着脚从火堆（火碳）中走过而不被烫伤，以示得到神灵和佛祖的保佑。

白天表演“上刀梯”。两根刀杆并肩耸立在刀杆场上，高约 13 米，锋利的长刀横捆在两根刀杆上，状似“天梯”。表演者光脚踩在刀刃上，一步步向上攀登，到杆顶后燃放鞭炮并念诵祭文。而后，在刀杆顶端表演包括金鸡独立、金鸡啼鸣、葫芦倒挂、挂蜡烛等高难度动作。

晚上表演“过火海”。表演者身穿一件白袍，从容淡定地来到碳火

表演者没有任何防护地爬上刀梯

合浦上刀梯过火海

前，做好准备工作后，迅速躺下，飞快地从碳火上滚过，火花飞溅，没待观众反应过来，表演者已经从碳火中站起，动作流畅，一气呵成。

2018 年 12 月，合浦上刀梯过火海入选第七批自治区级非物质文化遗产代表性项目名录。

巧工神技

北海贝雕技艺

北海贝雕的发展历史可追溯到汉代，至明末清初技艺臻于成熟。

贝雕画《乡村振兴图》

北海贝雕艺人经过400多年的不断继承、探索、发扬、创新，将贝雕从最初的贝串、贝堆，发展为平面贝雕画，再到今天的立体贝雕，使北海贝雕艺术成为广西民族传统手工艺百花园中一朵艳丽的花朵。

北海贝雕的原材料，皆为北部湾海洋各种天然贝类、海螺，多为该海域独有名贵珍稀品种。贝雕制作全过程可概括为“纯天然”，即不着色、不滥用化学制剂，巧用贝壳海螺天然色泽、纹理形状，经精心设计、手工雕琢、修饰串粘而成。贝雕灵魂在于“雕”，其刀法含螺钿、线刻、空雕、入刀、跳刀、中锋、侧锋、铲底等，讲究行刀，强调物我合一。

北海贝雕是海洋贝类日月精华与传统文化的结晶，其将国画的神韵、书法的豪放、刺绣的空灵、玉雕的质感与贝类光泽等融为一体，具有独特的艺术魅力。

贝雕《丹凤朝阳》

1 设计制作贝雕工艺品图案

2 制作贝雕工艺品

3 打磨贝雕零件

整理贝雕成品

合浦角雕技艺

角雕是指以牛、羊、鹿、犀牛的角和蹄为原材料雕刻制作工艺品的一种传统手工艺。合浦角雕以牛角为主，牛角被认为有避邪、镇灾之用。明代开始，合浦有了牛角雕，当时只是在牛角上刻些简单的避邪图案。到清代，合浦牛角雕的图案设计日趋艺术化。

牛角分明角与黑角两种。广西地区水牛角质地优良，色泽如玉，坚韧不易折，加工后，可细如发丝、薄过纸张。在制作工艺上，运用圆雕、浮雕、镂空、镶嵌等传统雕刻技法，可充分发挥角质本身的特点。合浦角雕利用明角的自然色泽与黑角进行和谐搭配，因材施艺，经精雕细琢、反复抛光而成。其构图上吸收了图画虚实相间、疏密有致、大胆取舍等手法，艺术感染力强。

合浦角雕的非遗传承人白耀华

现在的合浦角雕技艺是在吸收了广东高州的角雕技法的基础上创新和发展而来的。每一块角雕工艺品，都是经过选料、开料、削胚、粗雕、打磨、粗磨、细磨、抛光、热处理造型、过蜡、组装成型等主要工序加工而成。经雕琢形成的笔筒、摆件、装饰品、屏风等作品，形态逼真，栩栩如生，既是艺术精品，也是能融入百姓日常生活供陈设、装饰、收藏的实用珍品。

合浦角雕是北海民间艺术的瑰宝，是一代又一代角雕艺人智慧的结晶。合浦角雕独特的艺术风格和制作工艺，在国内有很大的影响力，使得角雕这一艺术形式能与石雕、玉雕、木雕、牙雕齐名，是中国雕刻艺术宝库中不可或缺的重要组成部分。2021 年 5 月，合浦角雕被列入第五批国家级非物质文化遗产代表性项目名录。

合浦角雕

◀ 角雕作品《鸿运当头》

神韵

▶ 角雕作品《神韵》

▲ 角雕作品《中国梦》

北海疍家服饰制作技艺

在合浦县白沙镇的沙尾村，疍家服饰制作技艺的历史已延续了 200 多年。

传统疍家服饰为阔大袖口、宽短裤脚的黑布斜襟样式。原生态的疍家服饰别具风情。疍民原始的衣着以蓝色为基调，只在结婚时有红白色调。男女都穿着短、宽、窄袖的上衫，宽短的裤子及于足踝之上，赤脚不穿鞋。不论四季，都头戴既可遮阳又可挡雨的海笠（垂檐尖、圆顶竹帽）。疍家妇女上衣领袖上绣花边，在腰部银腰带或玉琢腰带，腰带上雕

2015年文化遗产日，市非遗中心带来《疍家服饰走秀》

刻着美丽的图案。银腰带的作用不是美观，而是疍民出海捕鱼，海上潮湿，容易使腰部沾上水气引起风湿，银腰带恰好避免了这一点；而玉琢腰带则有避邪的功用。疍家妇女习惯在头上包一块方格花纹的夹层方布，疍家俗称“猪嘴”，方巾的一角突出前额、一角垂于脑后，左右两角则交结于下巴。疍家的这身装束打扮，利于遮风蔽日和海上劳作。

疍家服饰制作方法主要有如下程序：从市场上购买粗白布，然后放入染缸，染上蓝色、黑色或红色，晒干后，再按照传统方法进行剪裁和缝制。

淳厚风俗

疍家婚礼

疍家婚礼是一种古老的传统婚俗，包括以船代轿、以唱抒怀等一整套仪式。如果说陆民婚俗特色讲究一个“礼”字，那疍家婚俗还兼有一个“唱”字，这无疑是疍家祖先“婚时以蛮歌相迎”传统的体现。疍家婚礼集中表现了疍家的风俗、个性和情怀。

疍家婚礼“海味”浓郁，特征显著：

以唱抒怀。新娘出嫁前几天，足不出户，在船上或棚中自唱自叹，表达不舍父母之情，陪嫁的亲朋好友和伴娘也日夜陪伴，声情并茂地叹唱《叹家姐》以及咸水歌中的《哭嫁歌》《十月怀胎歌》《姑娌妹》及《十二月送人歌》等，曲调或悠扬委婉，或亲昵甜美，尽表惜别之情。

以船代轿。接亲船被装饰得花团锦簇，彰显了疍家婚礼独具一格的绚丽风采。新娘被接上船后，陪伴新郎接亲的人，往往在情绪高涨的时候用力摇晃船只，以“颠船贺喜”“抛新娘”来制造贺喜的热闹场景。

婚礼隆重，历时较长。疍家婚礼前后有 12 个环节（见后示意图），总共历时 3 天。

疍家婚礼

疍家婚礼主要流程示意

第1天

送日子单

确定双方嫁娶日子，且男方要将写有日子的单子送给女方。

搭棚

双方在搭棚前均需放鞭炮，此外，男方搭完棚后先挂红色横披，再挂写着新郎名字的红布，接着点燃蜡烛，待双方都搭完棚后便各自吃饭。搭棚所挂的横披主要有三个用处：一是让人知道这里有喜事要办；二是搭起了一个喜庆的台面给客人助兴；三是摆酒席时使来参加喜宴的人有一个遮阳挡雨的地方。

第2天

抽礼

男方给女方送提亲礼。抽礼一般都在正午11点后12点前完成。礼物通常有酒、茶、槟榔、糖面、金银首饰、钱币、一块6尺至12尺的红花布、“女婿饼塔”（即用月饼叠起来的塔）以及大饼小饼、糖果、猪肉和鸡，还有一张写有接亲日子的迎亲贴。

采花

即采鲜花，一般都在中午前进行，紧接抽礼之后。采花在于表达生男生女的意愿。若采白花就是生男孩，采红花就是生女孩。

坐夜盒

晚饭后，将坐夜盒送给新娘，盒里放有糖、水果、饼干等食品。这一晚，新娘不能睡觉，要坐一夜。新娘的亲朋好友都来与新娘唱歌，参与的姐妹都拿着一把纸扇遮住嘴或脸。

叹家姐

以歌代哭，内容多是倾诉父母养育之恩、兄弟姐妹的惜别之情以及寄情赠言等。

拜饭

姐妹们围在一起，手持纸扇对饭而拜，意为送行，后便各自吃饭。

接亲

拜饭后，男方按选定的吉辰去接新娘，通常会在天亮前。待新娘到新郎家完成拜神后，新郎新娘才能一起回娘家。当天下午两三点时，男方家派人接新郎新娘回家摆酒。此项礼仪规定新郎新娘各往返对方家一次，意为好事成双。

男女方脱学

脱学有两种说法，一种是表示双方长大成人，另一种认为脱学也叫脱契，意思是独立了。脱学后，男女双方便请师傅把“平安符”一条条贴在雨伞上，直到贴满为止。之后，将符揭下来烧掉，灰烬撒进准备好的一盆水里，再用这盆水洗脸洗澡。沐浴后，新郎新娘所有的内外衣物全部换新，寓意独立生活开始、前程吉祥安康。

上红

在新郎身上系一条红带后，亲戚们围圈而坐，送金戒指、金镯、玉镯或布匹等作为贺礼。新郎新娘则用筷子夹青枣等水果给亲戚朋友们吃以作为谢礼。

拜堂

首先，给祖宗神位敬上3杯茶、3杯酒，再摆上9炷香，其中，男女双方分别上3炷香，其余3炷放在一旁待燃续敬；之后，新郎或新娘往茶托中放入元宝，意为敬奉祖先。新郎新娘拜完堂之后，男方便送新娘回娘家。

摆酒

接亲后设宴请客。酒宴后，新郎捧水给亲戚朋友们洗脸，亲戚朋友们便回以红包作为酬谢。之后，新郎新娘给长辈敬茶。最后，是谢媒。当天下午可拆棚，拆棚之前，新郎要拿一些米和花生撒上棚顶，再用棍子捅捅，表示双双无禁忌，大家吉利。

外沙龙母庙会

秦汉以后形成于岭南西江流域的龙崇拜信俗于清末传播至北海，在与当地海神妈祖信俗融合的过程中逐渐形成了北海疍家人龙母崇拜习俗。外沙龙母庙会活动内容丰富，其主要活动有农历正月十五做平安、十六许福，二月初二社王诞、十九观音诞，三月初三北帝诞，五月十二关帝诞、十八龙母诞，十二月十六还福。每逢诞期，信众们都会扛着龙母神像和祭品沿街行游，另外还有唱大戏、吃祭、行香等仪式。

其中，还福日是最为隆重的进香活动，一般历时三天。农历十二月十六日上午，随着锣鼓锁纳声喧天响起，盛装的人们高举横幅、各色

疍家群众祈福

狼牙旗和彩旗，抬着龙母圣像、打着花伞、推着花艇、舞着狮子、打起腰鼓、扭起秧歌、唱起咸水歌，载歌载舞地从龙母庙出发，前往烧猪场接金猪，上百头金灿灿的金猪用三轮车和花艇装好后，队伍穿出小巷沿着城市的几条主干道巡游一圈后回到龙母庙。一路上，各种民间民俗表演活动精彩纷呈，充满了浓浓的渔乡风土气息，场面极为壮观，吸引了许多沿途群众驻足观看。在这三天的还福日里，来自各地的信徒香客也纷至沓来，一起祈求风调雨顺，国泰民安。

外沙龙母庙会具有海洋文化与宗教文化相结合的深厚内涵，祈神祭海彰显了一方庙节的独特习俗，具有独特的民俗文化价值。

社公节

社公节是合浦县的传统节日，又称社日，俗称土地诞。每年农历二月初二为春社、八月初二为秋社。合浦人认为，一年四季风调雨顺、五谷丰登、六畜兴旺、家业兴隆，全靠社公保佑，因此城乡群众都有“做社”的习惯。

廉州镇的三甲社是合浦县最出名的社坛，也是举办社公节的主要场所。三甲社保存着清乾隆年代的建筑风格。每年社日，三甲社都会举行盛大的祭祀活动。祭拜活动由法师主持，引领众人向主神位行礼作揖，而后法师拔剑起舞，不时向神灵行礼。仪式往往还伴随着大量的鞭炮声。社日第二天，还会举行龙舟赛。廉州社公节，以春祈秋报的方式，表达了对土地、山川、树木和庄稼的感恩与崇拜。

在合浦县的公馆镇，社公节也被称作“拜伯公”，时间定在正月十五、十六两日。“伯公”是公馆话里对土地神的俗称。每年一到元宵节，公馆镇就会用轿子抬着伯公的神像，在全镇的主要街道上巡游，意为神灵走家串户看望、保佑当地百姓。“拜伯公”已成为公馆镇元宵节盛行的一种民俗。

在合浦县的白沙镇，常用游神、点灯的形式祭拜土地神。游神时间从正月十二开始，至正月十六结束。在游神的同时点灯。点灯，也就是添灯，原是为了庆贺当年添了新男丁的家庭所举行的一种仪式。点灯的仪式一般是在一处专门搭建的大棚里举行。当供人们祭拜的游神回到大棚后，当年生有男丁的家庭成员会买好点亮的花灯送到大棚里挂起

龙舟赛

来。届时，根据每村、每街点灯数量的多寡，可知新添男丁的多少。

在合浦县的闸口镇，则通过从三帝庙开始的闹“二月二”民俗活动祭祀土地神。三帝庙是闸口最古老的庙宇，已有400多年的历史，是闸口客家人来到闸口繁衍生息的重要见证。请土地公到三帝庙，是对土地公的敬重。闸口镇“二月二”民俗活动，是以街巷、村庄为单位举行的，十分隆重。往往从上午开始，一直进行到深夜零时。活动从三帝庙举行起座仪式开始，先由祭事开卦请行，经卜卦无碍后，将土地公请进

传统民俗社公节

法座（轿子）。礼数完毕，土地公便在狮队鼓乐的护送下来到祈福祭坛，各种隆重的祈福仪式就此展开。

七月十四节

七月十五的中元节为何在合浦改作“七月十四节”，关于这一点，还得回溯到南宋末年。当时战乱不堪，正值中元节时分，忽闻蒙古大军马上要进攻岭南，岭南百姓为了过一个安稳的节日，索性将中元节提前一天。这个传统之后一直延续至今。

合浦人过七月十四节，主要是为了纪念先人和教勉后辈——要记得缅怀先辈，心生慈悲；要知孝道、敬长辈，懂得血脉情深。除了祭祖教勉子孙，合浦人还会在节日当天吃鸭子。在合浦的农村，不少人家都习惯养些鸭子供七月十四节享用。

烧番塔

合浦人过中秋节保留有一项传统风俗——烧番塔。

所谓“番塔”，是一座手工搭成的小塔。它的底座一般是用砖头围成的四五十厘米的圆圈，圆圈留两三个豁口。然后，用瓦片在砖头上一块块搭建起来，围叠而上，塔身渐收，至八九十厘米高封顶。烧番塔的时候，分别从几个豁口添进柴火，火苗从瓦片的空隙里冒出来，十分耀眼。为了助燃，人们会时不时地撒一把木糠（锯木头产生的碎屑）在塔身上，甚至还会往烧得通红的塔上撒一把海盐，番塔在发出噼噼啪啪声响的同时绽放出众多火花。

烧番塔寄寓着一种美好愿望，人们通过烧番塔祈求风调雨顺、生活兴旺。

烧番塔

物殷味美

海产丰美
瓜果飘香
地道特产
佳肴美馔

海产丰美

北海濒临北部湾，有400多千米长的海岸线，渔业资源丰富，海鲜种类繁多。盛产的鱼类有马鲛鱼、马友鱼、鲳鱼、红鱼、石斑鱼、沙钻鱼、鱿鱼等，蟹类有兰花蟹（远海梭子）、红花蟹（蟹锈斑蟳）、青蟹等，虾类有濑尿虾（弹虾）、对虾等，贝类有文蛤、蛏子、花甲螺、香螺、大蚝等，还有沙虫、泥虫和鲎。

北海海产图文展示

文蛤

俗称车螺。合浦文蛤略呈三角形，腹缘圆，蛤体背隆起明显，壳质坚厚，两壳对称相等。蛤体呈土黄、褐、黑等颜色，色泽亚光，环形生长纹明显。据合浦县水产畜牧兽医局统计，在北海沿海区域，文蛤养殖面积近10万亩，年产量超过10万吨。2013年，合浦文蛤获国家农产品地理标志登记保护。

沙虫

又称沙肠子，学名方格星虫，形状很像一根肠子，营养价值高。其生活在沿海滩涂一带沙泥底质的海域，涨潮时钻出，退潮时潜伏在沙泥洞中，故名沙虫。沙虫对生长环境要求极高，一旦环境污染就不能成活，有“环境标志生物”之称。沙虫含有天冬氨酸、苏氨酸、丝氨酸、谷氨酸等20种氨基酸，味极鲜美，有“海人参”和“天然味精”之称。沙田沙虫体形硕大、肉质厚实、名声在外。2019年7月，沙田沙虫获评国家农产品地理标志登记保护。

泥虫

又叫泥丁，学名可口革囊星虫，是一种生活在海滩中的蠕形生物。虫体长约10厘米，呈圆筒状，形似钉子，前端较细、表皮灰黑，故称泥丁。泥虫生长在沿海江河入海处咸淡水交汇的滩涂里，整年都可采挖。泥虫是一种滋阴补肾的健康食品。

弹涂鱼

是生活在海边滩涂上的一种小鱼类。它头大略扁，双眼凸出，嘴阔，灰褐色的身体布满花斑，腹部有吸盘，能附在礁石上，喜欢钻洞穴，一般居于底质为烂泥的低潮区或咸淡水交汇的江河口滩涂。因其习性狡猾、弹跳力强，喜欢在潮水退后的海滩上跳跃，身上又有淡蓝色花斑，故名花跳鱼。

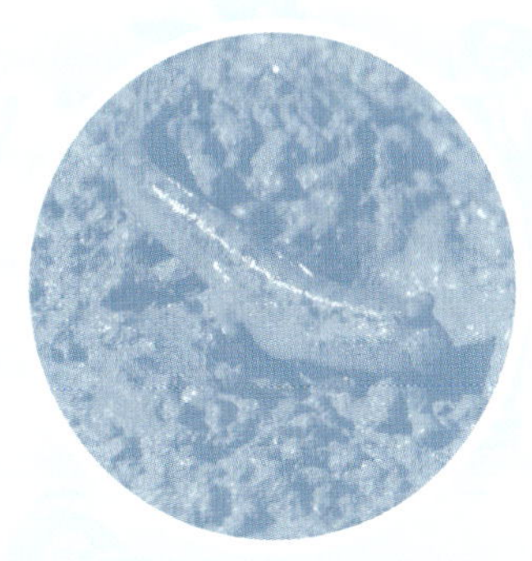

生蚝

学名叫近江牡蛎，肉可鲜食，也可加工成蚝豉、蚝油。蚝肉蛋白质含量超过40%，营养丰富，味道鲜美，素有“海中牛奶”之称。北海生蚝，长24厘米，高15厘米，质坚厚，尤以廉州镇烟楼村养殖的大蚝最为知名。每天从烟楼上岸的大蚝约15万公斤。2018年8月，北海生蚝获批为国家地理标志登记保护。

瓜果飘香

北海地处亚热带，水果丰饶。其中，以荔枝龙眼最著名，还有芒果、菠萝蜜、芭蕉、柑橘等。北海境内还有不少特色水果，因藏在深山平时难以品尝到。清康熙年间《廉州府志》记载，“果属”里除了上述水果外，还有杂果——“菱角、莲房、香橼、橄榄、油甘、捻子、柚子、苹婆、杨桃、萝蒙子、胭脂子、槌栗子……”

鸡嘴荔枝

合浦最负盛名的水果

原产地位于合浦县公馆镇香山村马拉坡，曾在这里发现 13 个荔枝品种，其中以鸡嘴荔枝最佳，因其核小似鸡嘴，故而得名。鸡嘴荔枝果形大，平均重 29.5 克，果肩平或一肩微耸，果顶浑圆。果肉白蜡色，厚而爽脆，风味清甜，果汁适中，果核小巧，可食率达 80% 以上，荔枝果肉中含糖量高达 20%。20 世纪 50 年代初，曾选样寄送毛主席品尝，得到中共中央办公厅秘书局复信赞誉：“一尝鸡嘴荔，不食天下果。”2013 年，鸡嘴荔枝获国家农产品地理标志登记保护。

廉州龙眼

《珠官脞录》有载:“廉州果产以龙眼为最著，每到花季，市客徧行乡间，熟视其花，可知结果之多寡，即付值买之，及果熟则雇妇女进行碎壳、去核、曝肉，肉干可为药。苏子瞻云:‘廉州龙眼色味殊绝可敌荔支。’其诗曰:‘香割蜜脾知味胜，价轻鱼目为生多。’”《广东新语》也载:“龙眼产廉州者尤美。”现在的廉州龙眼，质优，煮开后如菊花状。

永安黄皮果

出产于合浦山口镇永安村的黄皮果，远近闻名。永安黄皮果特点是果实大、皮薄、肉厚、爽口、味甘甜、核小，多数为单核，极少双核。黄皮果营养价值很高，并有行气、消食之功效。黄皮果除了可生食外，还可制成黄皮干和黄皮酱食用。

老温垌杨梅

在合浦县西场镇老温垌村，家家户户都种有杨梅。老温垌村的土壤独特，树龄五十年以上的杨梅树就有上百棵，培育出来的杨梅以颗粒圆润、酸甜适中、果汁丰盈、口感爽脆而闻名。老温垌村杨梅既可生食，又可煮汤，还可泡酒。现在老温垌村杨梅种植面积已达 800 多亩。

黄皮果蔗

黄皮果蔗主产于合浦县白沙镇草江、龙江一带，有近百年的栽培历史。草江、龙江一带依山傍水，气候温和，土壤肥沃，适合栽种黄皮果蔗。这里的果蔗产量高，亩产达 8~12 千克；果蔗皮软、肉脆、汁清、味甘甜，具有良好的润喉止渴和解腻功效。当地人认为其堪比“山珍海味琼浆玉液”。

番桃

番桃果实有球形、椭圆形、卵圆形及梨形等，成熟的果实翠绿中透出淡淡粉红，仿佛少女脸上的嫣红，故而被称为“胭脂红”。其为总江村所特有，吃起来肉质细嫩，汁液充盈，清甜爽口，芳香诱人。总江村委现有 1100 多户人家，各家屋前屋后皆栽种番桃。每年 6~8 月份为胭脂红成熟时节，总江村人将采摘的胭脂红运到星岛湖街上和合浦县城销售，致使大街小巷一时间果香日溢。

采荔枝

地道特产

合浦鹅

合浦鹅是合浦县在20世纪50年代初引进广东狮头鹅与本地牛屎鹅经杂交和多年选育而形成的地方优良品种，具有早熟、耐粗饲、生长性强、耐寒耐热、肉质鲜美等特点。

合浦鹅的外形很美。合浦鹅喙短而钝，紧合有力，大部分呈黑色；前额有黑色肉瘤，呈半球形，公鹅肉瘤比母鹅大；颌下有咽袋；虹膜为彩棕色；眼睑呈长纺锤形，淡黄色；羽毛褐灰色，少数鹅颈前部、胸部和腹羽有少量不规则白色斑点；胫、蹼和趾呈黑色，少数为灰黄色。合浦公鹅体型大，颈粗壮，胸宽深，胫粗大而有力；母鹅清秀，颈细长，身躯前窄后宽，腹下有皱褶，产蛋前期羽毛紧密而富有光泽。

合浦鹅生产速度快，繁殖能力强，其肉质地细嫩，其肝营养丰富，是国际驰名美食鹅肝的主要原料，在国际市场上颇受欢迎。

合浦鹅在合浦县沙岗、西场、乌家、党江、常乐、公馆、曲樟等地均有养殖，其中，沙岗镇是专业饲养镇。2019年，合浦县全年存栏合浦鹅种鹅16万羽，年产鹅苗和肉鹅640万羽，年产值超过1亿元。可观的利润使得合浦鹅的养殖地区迅速辐射到了周边——博白、钦州、柳州、桂林、河池、百色、南宁等地，甚至湖南、广东等省也有分布。

2000年，经过广西壮族自治区相关权威机构认定，合浦鹅为广西优良地方品种，已入编《广西家畜家禽品种志》，相关权威机构也发布了《广西合浦鹅地方标准》。2020年4月，合浦鹅获得国家地理标志农产品认证。

北海海鸭蛋

在党江沿海一带，海鸭蛋是当地农产品中的拳头产品，党江也因此有“稻蛋基地”的称号。

生产海鸭蛋的海鸭其实就是常见的麻鸭，之所以叫作海鸭，是因为它们从小到大在海边长大，长大后又经常到红树林里捕食海鲜。

海鸭产下来的蛋以绿壳为主，与平常的鸭蛋相比较，蛋壳明显要更厚一些。海鸭的主食以海产品为主，包含螃蟹、小虾、贝类，这些食物中含有大量的虾青素，鸭子吸收后又融入到鸭蛋里面，使产出来的鸭蛋蛋黄比普通鸭蛋蛋黄更为鲜红且更富有弹性，蛋清更加粘稠。

海鸭蛋营养丰富，含有蛋白质、氨基酸和丰富的钙，还含有磷脂、维生素A、维生素B2、维生素B1、维生素D、钾和铁等营养物质，具有良好的滋阴、清肺、丰肌、泽肤等功效。

除了鲜食、腌咸蛋，近年来合浦又开发出了烤咸海鸭蛋等新产品。以烤咸海鸭蛋为主打产品的合浦海鸭蛋，深受广大食客喜爱。为沿海农民提供了大量的就业机会，有效促进了农业增效、农民增收。

合浦豇豆

豇豆在合浦的种植历史可追溯至清道光年间。

合浦属亚热带季风性海洋气候，年平均日照时数 1921 小时，年均气温 22.4℃，气候温和。近 30 多年来，合浦县一直都是广西壮族自治区最大的南菜北运生产基地。

合浦地处南流江中下游冲积平原，南流江两岸的石湾、石康、常乐、廉州、星岛湖等乡镇土壤大部分为沙壤土，土质疏松，加上当地雨水充足，灌溉方便，故非常适合豇豆的种植。合浦豇豆栽培品种一般选用豆荚淡青色、长势强、荚条匀称无鼠尾、荚面光滑无皱纹、成荚率高、成熟后不易老化、肉厚、抗病力强、耐储运的早、中熟良种。自 2013 年起，全县种植面积已超过 10 万亩，其中以冬春种为主。合浦县

合浦豇豆

石湾镇是最大的豇豆生产区，其种植的豇豆面积占据了全县种植面积的“半壁江山”，创立了“无公害石湾豇豆”品牌。

合浦豇豆上市早，开春就有收获，且品质优良，符合国家无公害食品标准。合浦豇豆富含蛋白质、膳食纤维、钙元素、维生素 C、维生素E、维生素B1、维生素B2以及多种微量元素，口感脆嫩、品质上乘、耐贮运，有消除胸膈胀满、促进肠道蠕动和益气生津的功效。

在合浦县委、县政府和农业技术部门的大力扶持和帮助下，合浦豇豆已经呈现规模化、高效化、标准化发展态势，形成了集种植、储藏、加工、保鲜、销售于一体的产业化格局。2017 年，豇豆种植面积超过 17 万亩的合浦，成为名副其实的“中国豇豆之乡”。

金花茶

金花茶由中国植物学家左景烈于 1933 年 7 月 29 日在防城县大菉乡阿泄隘首次发现，1948 年被我国植物学家戚经文正式命名为“亮叶离蕊茶”，国外则称其为“神奇的东方魔茶”，后更被誉为“植物界大熊猫”“茶族皇后”。1983 年，合浦人傅镜远将金花茶移植到合浦，不久，其种植园内就有了 20 多亩近 5 万株金花茶，成为世界上最大的金花茶人工无性繁殖基地。1988 年，不甘于现状的傅镜远开始大胆地与科研单位合作研制金花茶系列产品。在广西中医学院陈即惠和吴树荣教授的指导下，傅镜远和他的团队成功研制出金花茶系列产品并成功上市。

金花茶的花呈金黄色，耀眼夺目，仿佛涂着一层蜡，晶莹而油润。金花茶单生于叶腋，花开时有杯状的、壶状的或碗状的，娇艳多姿，秀丽雅致。由于仅分布于广西壮族自治区南部地区的金花茶具有独特的滋养观赏等价值，故近年来利润不断提高，农民收益逐年增加。合浦县政

金花茶

府近十年大力推行林权改革，发动农民采取“地上植树、林下种花”的“双种植”模式，辅以环保、生态、观光等观念，使合浦成为国内最大的金花茶人工驯化栽培和产业化基地，农民脱贫致富路越走越宽广。

合浦大月饼

合浦大月饼是近40年来在月饼界兴起的一种特色月饼。

合浦大月饼以其丰富的配料、独到的工艺、令人惊叹的外形，在两广地区独树一帜，享誉港澳台及东南亚各国。

合浦大月饼讲究“内外兼修”。饼面棕黄或金黄略带泛红，色泽均匀，腰部呈乳黄色或黄色，底部棕黄不焦。饼皮厚薄均匀，断面皮心分明，果仁大小适中均匀，叉烧大小适中，无夹生、糖块。吃起来松软绵柔不粘牙，果仁香脆可口，叉烧咸甜适度，具有该品种月饼独有的风味。

合浦大月饼以“大”著称，每一只月饼的重量都在500克以上，尤以1000～2500克重为最常见。其馅料以传统伍仁月饼原料为基础，伍仁馅中均匀铺上特殊加工过的猪肉丝或鸡肉丝，与传统的叉烧月饼有所区别，其造型美观，皮薄馅多，入口清香，香而不腻，回味无穷。

近年来，合浦县加大了对合浦大月饼品牌的保护和投入，不断挖掘合浦大月饼的美食文化底蕴，传承发扬月饼文化和制作技艺。现在，合浦已有大月饼企业100多家，形成了众多月饼品牌，拥有广西著名商标10多个，荣获国家级荣誉10多个，省级荣誉30多个，发明专利50多项。由此，合浦大月饼形成了基本完善的产业链，加上产品不断创新，广受市场欢迎，社会效应十分明显。目前，合浦大月饼产销量为全国第一，占广西大月饼市场80%以上份额、占全国大月饼市场60%以上份额。

2017年12月29日，原国家质检总局批准对合浦大月饼实施地理标志产品保护。为推进月饼产业做大做强，合浦县以月饼品牌为引爆点，高标准规划建设了3平方千米的月饼小镇，着力打造以合浦大月饼为主要品牌的大健康食品产业。

合浦大月饼

月饼小镇

佳肴美馔

公馆扣肉

公馆扣肉的选料最为讲究，最好是挑选陆川猪的五花腩，也就是俗称的“五层楼”。将大块的五花腩整理干净后放进镬头里煮，煮至猪皮可以插入牙签时方可捞出。用牙签、钉耙之类的利器在肉皮上戳洞。涂抹酱油后放进油锅里炸，至肉皮金黄时捞起。油锅里捞出来的猪肉，立马要泡在凉水里。浸至肉皮发软后捞出，将排骨剔除，再次将扣肉放进镬头里煮一会。

接下来就是调味。一般要加入蚝油、五香粉、葱汁、柠檬及适量的糖盐酒醋提味；同时加入沙虫、蟹肉、虾仁等海味提鲜；最地道的公馆扣肉，一定要加入本地产的淡豉膏提香。

最后就是装碗，需将带皮的一面放置在碗底。装好一碗碗的扣肉之后，就可以装入蒸笼开始蒸了。猛火蒸一到两个小时停火移出，稍凉后，将碗倒扣，肉皮朝上，一碗色泽金黄、热气腾腾、香气四溢、美艳诱人的扣肉就可以出菜了。

糟

先秦时期，南越地区俚僚人过着刀耕火种的生活，将简单的谷类、根茎类作物捣碎成黏稠状，包上肉菜来吃，形成类似糍粑的食物。糟，就是在北海一带最终形成的饮食文化的结晶。做糟、吃糟是北海人过节必不可少的习俗。北海历史悠久，人群来源繁杂，有许多生活风尚，因而美食纷呈，造就了种类繁多的“糟”。

合浦竹壳糟

北海“糟”

发糟

又叫发糕、发粫。北海人在婚嫁、新居入火或祭祀时会制作发粫，分发给亲朋好友吃，让大家沾点好运气。发粫口感甜润，切片煎香，外脆里糯。

梢叶糟

用糯米粉、红糖制作而成。用梢叶上下包裹，可以加馅黑芝麻或花生糖的馅，生蒸食用，软糯粘牙，内馅香甜。

盖糟

客家人过七月十四节时的特色美食。盖糟是用簸箕做用具，一层一层浇米浆蒸成，横切面像千层蛋糕。在最上层，还会铺上由猪肉、木耳、酸笋、沙虫等切丁炒制而成的馅。切成菱形状来吃，糟体弹牙爽滑可口。

槐花糟

用槐花和大米打磨成米浆做成，配与糖水，爽滑解暑，在北海的糖水铺里都能看到它。

大笼糟

因用大竹笼盛装，故而得名。在北海很多地区，过年时家家户户都会做，主要由糯米粉和红糖制作而成，大年初二之后，还会搬到祠堂供奉祖宗。初嫁女“回娘家”时，也会带上作为手信。

竹壳糟

用大米和红糖做成，因用竹壳包裹而得名。口感有韧劲，还带有竹壳的特殊香味。主产地在常乐。

鸡矢藤糟

鸡矢藤是一种中草药，可以祛风、活血、止痛。是合浦人在农历三月三时必吃的小吃。

粟米糟

用黄粟打粉配以碱水为主料制成，浇上糖浆，用竹签挑起来吃，顺滑软糯。石康粟米糟最出名。

碗糟

又叫鸡窝糟，用小碗装着做成的糟。有甜口也有咸口，甜口为黄色，咸口为白色，要加蒜醋才好吃。

发展成就

艰苦创业，历程辉煌
经济发展，异军突起
产业动能，持续增强
生态保护，笃定推进
民生保障，大幅提升

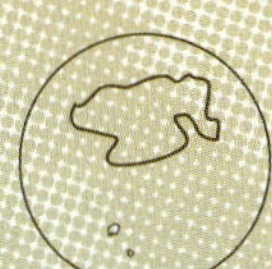

近年来，北海市坚持以习近平新时代中国特色社会主义思想为指导，把习近平总书记对广西壮族自治区、北海市工作的系列重要指示精神作为总遵循、总纲领、总蓝图，

贯彻新发展理念，坚持稳中求进工作总基调，以供给侧结构性改革为主线，以向海经济统领，全市经济社会发展和文化建设取得了突出成就。

北海全貌

艰苦创业，历程辉煌

1949 年 12 月 4 日，五星红旗在北海升起，珠城人民从此翻身解放，北海市发展进入了历史的新纪元。1949 年 12 月至改革开放前，北海市社会主义建设事业在探索中前进、在曲折中发展。

北海五个发展阶段（一）

1

恢复发展阶段

（1949年12月~1978年11月）

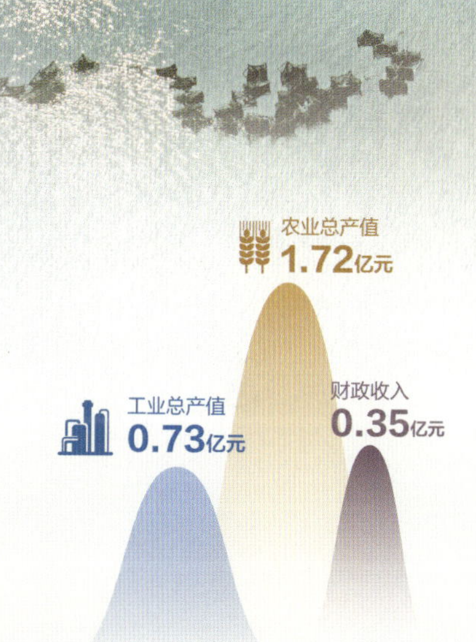

1949年

北海市经济社会发展缓慢，人民生活清苦。

中华人民共和国成立后，北海市实现了从新民主主义经济向社会主义经济的转变，社会生产力得到解放，农业、渔业、工业全面发展。但是，由于战争及其他历史原因，北海市经济发展和社会进步受到了严重影响和制约。

1978年

北海中心城区人口不足10万、建成区面积不足10平方千米。交通落后，虽然有港口，但处于自然港口状态，没有深水泊位，仅有三级公路与腹地相连。

北海市	1949年	1978年
工业总产值	196万元	0.73亿元
农业总产值	2067万元	1.72亿元
财政收入		0.35亿元
GDP	354万元（不含合浦县）	2.86亿元（含合浦县）

2

改革开放启动试验阶段

（1978年12月~1992年1月）

1978年12月

党的十一届三中全会作出把党和国家工作中心转移到经济建设上来、实行改革开放的历史性决策，开启了改革开放和社会主义现代化的伟大征程。

外国游客在北海选购珍珠项链

1983年10月8日

北海经国务院批准由县级市恢复为地级市，城市地位的提升成为北海市推进改革开放和加快经济社会发展的转折点。

1984年5月

党中央、国务院决定将北海市列为全国首批进一步开放的14个沿海港口城市，北海市抓住历史性机遇，按照自治区党委《关于我区贯彻实施沿海地区经济发展战略的决定》部署要求，启动各项改革，实行对外开放，创造必要条件，扎实推进北海市经济社会发展。

3 探索调整阶段

（1992年1月~2002年11月）

北海电建渔港

1992年初

邓小平视察中国南方发表了重要谈话，把改革开放和社会主义现代化建设推进到一个新的发展阶段

北海市认真贯彻落实邓小平视察南方重要谈话精神，紧紧围绕社会主义市场经济体制改革，抢抓有利机遇，进行大胆探索，掀起前所未有的开放开发热潮，北海市进入有史以来发展最快的时期。在这期间，受全国及宏观经济形势变化的影响，北海市开发热骤然降温，对外开放和经济建设进入调整恢复期。

4 持续跨越阶段

（2002年11月~2012年11月）

2002年11月

党的十六大确立全面建设小康社会的宏伟目标，全党和全国人民以邓小平理论和“三个代表”重要思想为指导，树立和落实科学发展观，开始全面建设小康社会的伟大征程。

北海市认真贯彻党的十六大、十七大精神，全面落实科学发展观，积极实施自治区“富民兴桂新跨越”战略，坚持把发展作为第一要务，抓住国家实施西部大开发战略、广西北部湾经济区发展规划的契机，深化改革、扩大开放，加快经济结构调整，突出抓好农业和农村经济，大力推进工业化和城镇化，壮大支柱产业和园区经济，推动社会进步，加快树立新形象、实现新跨越、建设新北海的步伐。

曲樟乡

农业养殖：五彩虾塘

5 全面深化阶段

（2012年11月至今）

党的十八大以来，以习近平同志为核心的党中央团结带领全党全国各族人民，坚持和发展中国特色社会主义，提出一系列新理念新思想新战略，全面深化经济、政治、文化、社会、生态文明体制和党的建设制度改革，中国特色社会主义进入了新时代。

北海认真贯彻党的十八大、十九大、二十大精神，以习近平新时代中国特色社会主义思想为指导，全面深化改革开放，主动适应经济发展新常态。

2017年4月

习近平总书记视察广西及北海市时要求打造好向海经济，写好新世纪海上丝路新篇章，为迈入新时代的北海市发展指明了航向、注入了强劲动力。北海市认真贯彻落实习近平总书记重要讲话精神，把加快发展、为民发展、高质量发展作为全市工作的核心，坚持新发展理念，着力建设富强、开放、生态、文化、幸福新北海。

七彩流云

经济发展，异军突起

近年来，北海市全面贯彻新发展理念，实现了从单纯追求速度到速度、质量同步提升的转变，2020 年，尽管遭受新冠肺炎疫情冲击，全市经济仍然保持良好发展势头。北海市以在广西 14 个地级市中面积最小、人口排第 13 位，取得了工业总产值全区第三、财政收入全区第四、主要经济指标人均值排全区前三的突出成绩。

北海北岸风光无限

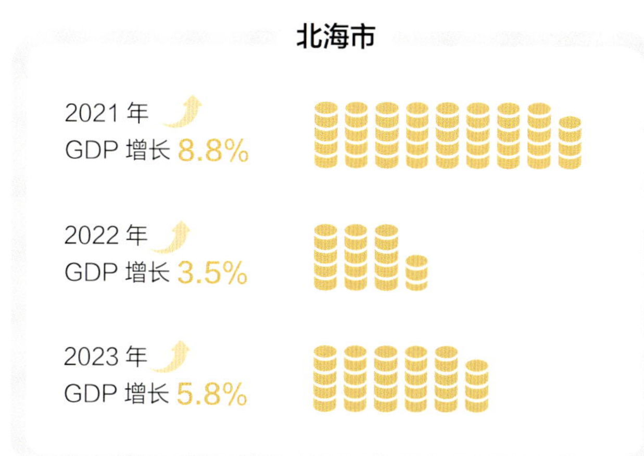

2023 年北海市 GDP

1750.91 亿元

北海市

固定资产投资

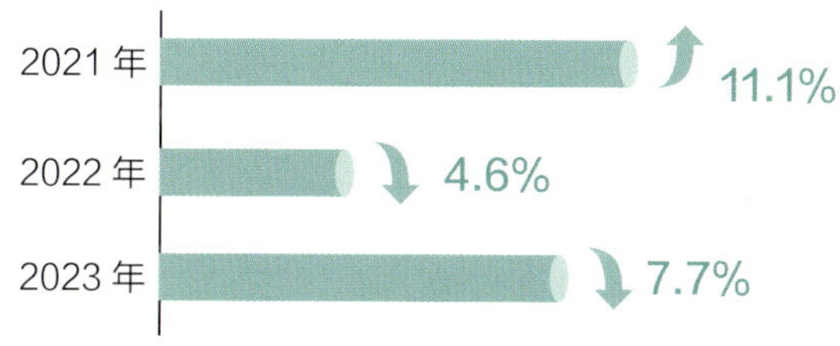

2023 年北海市固定资产投资

中工业投资增长 7.2%

北海市实现

社会消费品零售总额

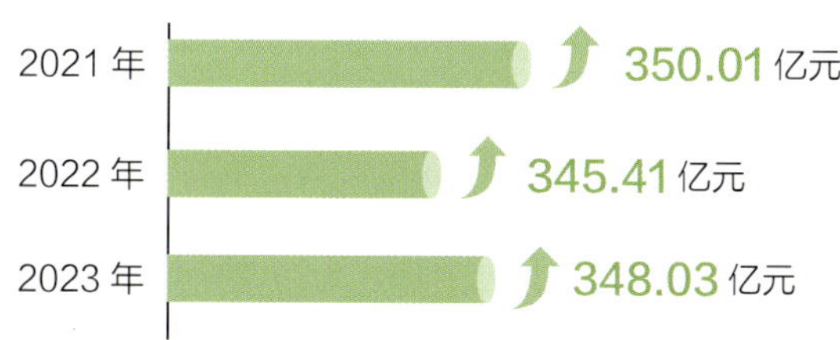

北海市

实现财政收入

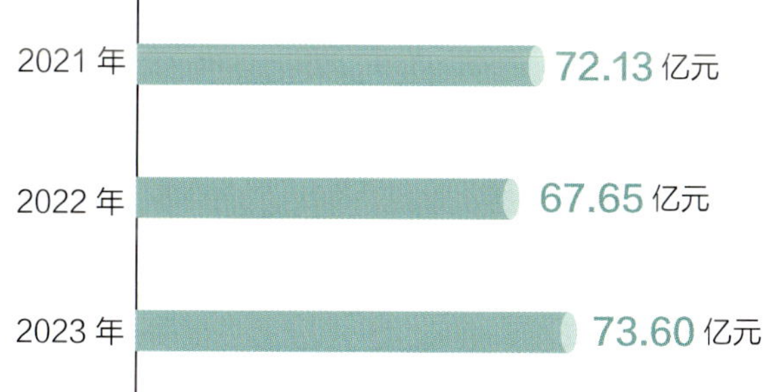

产业动能，持续增强

近年来，北海市认真贯彻中央和自治区的决策部署，坚定不移地推进改革创新和结构调整，加快新旧动能转换，新兴动能不断涌现，推动产业实现持续健康较快发展。工业总产值从全区第 5 位提升至第 3 位，工业投资持续高速增长，尤其是 2023 年增长 7.2%。百亿级重大工业项目陆续开工、竣工投产，工业基础逐步夯实优化；农业基础地位进一步巩固；传统服务业提质增效，以高端服务业为主体的新经济突飞猛进，形成了第二、第三产业“双轮驱动”的良好态势。全市三次产业结构由 2006 年的 17.4 ： 51.2 ： 31.4 优化为 2023 年的 14.0 ： 45.5 ： 40.5。

规模以上工业总产值

年均增长 8.4%

工业税收占全市税收

比重的 64%

北海市铁山港信义玻璃有限公司全景

优势工业产业集群初步形成。近年来，北海市围绕强龙头、补链条、聚集群，抓招商、上项目、促产业，掀起开发建设热潮，构建产业发展新格局取得新突破。北海市工业总产值从广西壮族自治区第 5 位提升到第 3 位，荣获 2018—2020 年度广西工业高质量发展工作先进市的称号。新引进惠科电子、信义玻璃、太阳纸业等 35 个重大工业项目，绿色化工、电子信息、新材料及高端设备制造三大产业稳健发展，高端玻璃及光伏材料、高端造纸、能源三大产业加快集聚，初步形成了六大工业产业集群。

农业现代化稳步推进。近年来，北海市围绕决战决胜脱贫攻坚、深入实施乡村振兴战略，全面深化农业供给侧结构性改革，不断优化产业结构，推动农业更强、农村更美、农民更富。

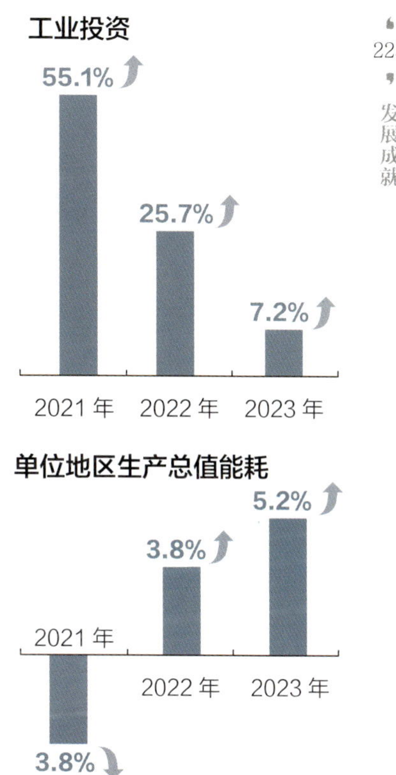

中国电子城

农林牧渔业总产值

2021 年 351.84 亿元

2022 年 368.47 亿元

2023 年 373.14 亿元

2020 年

北海市建档立卡贫困户 13095 户 55272 人

79 个贫困村全部实现高质量脱贫摘帽

贫困户年人均稳定纯收入从 3102 元增加到 12727 元

2020 年

北海市实施产业扶贫项目 1151 个

贫困户特色产业覆盖率 95.6%

贫困村集体经济年收入平均超过 20 万元

机械化种菜

新经济发展势头强劲。近年来，北海市充分发挥北海的比较优势，实施差异化战略，出台优惠政策，走高端发展的路子，培育发展新动能，实现换道超车。截止 2023 年底，共引进京东、新奥南方总部等数字经济企业 662 家（或 600 余家），其中营业收入超过百亿元的 1 家、超 10 亿元 4 家。

截止 2023 年底

共引进京东、新奥南方总部等数字经济企业 662 家（或 600 余家）

其中营业收入超过百亿元的 1 家、超 10 亿元 4 家。

北海经济技术开发区

繁华的华侨渔港

文旅产业提档升级。近年来，北海市推动"旅游+"融合发展，一批重大文旅项目开工建设，促进文旅产业快速升级。银滩景区升级改造加快推进，北海银基

国际滨海旅游度假区项目运营，北部湾国际邮轮母港开港首航、海丝首港、高德滨海文旅综合体等项目全面建成。

北海国际康乐旅游港

生态保护，笃定推进

近年来，北海市坚持“生态立市”理念，把生态环境作为北海最具竞争力的一张“王牌”，不断加大生态建设力度，让良好生态环境成为人民生活质量的增长点，成为展现美丽城市形象的发力点。今日北海依然保持着“碧海银滩生态美，天蓝地绿空气清”。

加强生态保护地方立法。北海市在全国设区市中率先进行生态保护地方立法，先后出台《北海市涠洲岛生态环境保护条例》《北海市沿海沙滩保护条例》《北海市矿产资源保护条例》等法规，同时全面实行河长制，落实林长制，

强化责任监督，为生态环境保护提供了法律保障。

加大生态保护投资力度。近年来，北海市先后投入73亿元，打好蓝天、碧水、净土三大保卫战，建成北海工业园区排水及再生水系统工程、铁山港（临海）工业区工业

截至2023年

北海市空气质量优良率为98.4%
同比2022年上升4.7个百分点

六项监测指标
全部达标

$PM_{2.5}$浓度为20.9微克/立方米
比2022年下降7.5%

空气质量综合指数
排广西全区第一

夏日海滩

固体废物集中处理厂等一批环保设施，逐步偿还了环保基础设施建设历史欠账。投资 25 亿元对冯家江湿地进行污染治理和生态修复，建成城市中央绿色长廊，带动了周边土地升值，把绿水青山变成了金山银山，整治成效经验得到自然资源部充分肯定并向全国推介。

水环境质量改善明显。近年来，北海市通过加强环境监管、跟踪督办、现场核查、及时通报水质等手段，着力减轻水污染物排放对水环境的影响。2020 年是北海市水

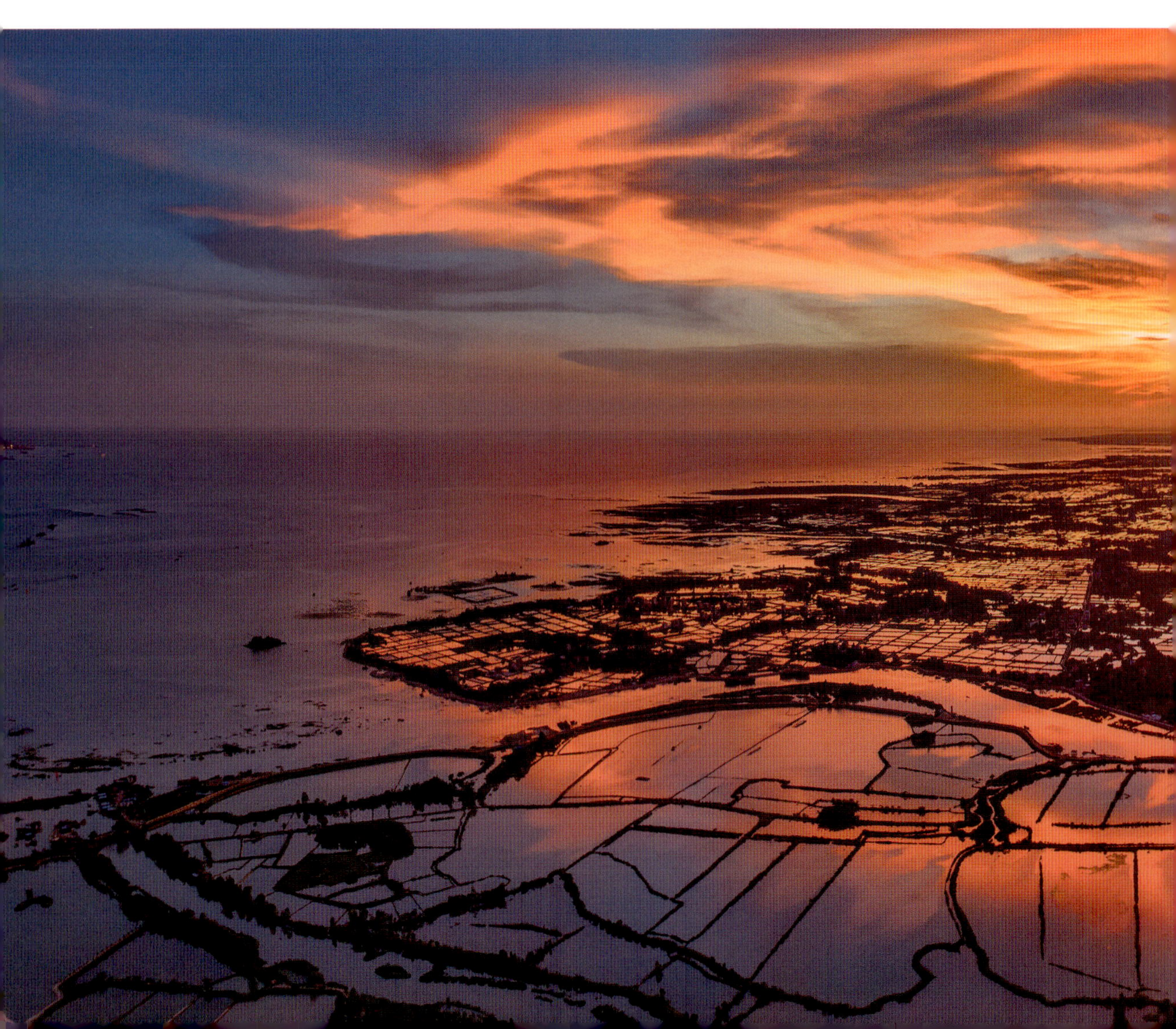

污染防治攻坚战收官之年，全市水环境质量状况明显改善，市、县级饮用水水源地水质达标率均为 100%，地表水优良率达到 100%，近岸海域水质优良率为 100%。

蓝天保卫战成效显著。近年来，北海市生态环境等部门根据污染特点，科学分析、分类施策，在全区率先开展臭氧源解析等课题研究，率先组建大气污染防控智囊团队，持续推进“产业、能源、运输、用地”四大结构调整，认真组织开展大气污染防治“百日攻坚”行动，坚决打赢蓝天保卫战。

百川入海，水田万亩

民生保障，大幅提升

学前三年毛入园率

从 81% 提高至 97.6%

九年义务教育巩固率

从 95% 提高至 99.5%

高中阶段毛入学率

从 92% 提高至 98%

近年来，北海市始终坚持以人民为中心的发展思想，积极推行一系列保障改善民生的举措，人民群众获得感、幸福感、安全感明显提升。民生福祉持续增进，人民生活品质显著提高。

教育发展更加优质均衡。实施“三三零”工程和“三名”工程取得显著成效，投入 37 亿元建成 32 所中小学校，新增 5.5 万个优质学位，引进高层次教育人才 1700 多名。编写试用中小学（幼儿园）德育实践活动手册，教育引导青少年儿童磨炼意志力、培养好习惯。拉平补齐普通高中教师与义务教育教师薪酬待遇。积极落实“双减”政策，

北海中学

推进义务教育学校课后服务工作。北航北海学院和桂电北海校区合并转设广西海洋学院工作取得重大进展。规划建设 15 平方千米职业教育园区，北海康养职业学院从开工到招生仅用 1 年、首届招生 1718 人。

医疗服务能力大幅提升。投入 28 亿元对全市 6 家公立医院进行新建、扩建和改造提升，市人民医院、第二人民医院、妇幼保健院、结核病防治院、皮肤病防治院等完工投入使用后可新增 4100 多张床位。实施“名医工程”，引进 72 位国内外知名医学专家，遴选 100 名本地医疗技术骨干重点培养。解决现有 2088 名医护人员多年未解决的编制问题。推行乡村医生“乡聘村用”，建成医联体 37 个，家庭医生签约服务和重点人群签约服务覆盖率达 100%。

社会保障水平明显提高。

农村居民人均可支配收入
由 10623 元增长到 16797 元
年均增长 9.6%

城镇居民人均可支配收入
由 27514 元增长到 37956 元
年均增长 6.6%

城镇新增就业 10.2 万人
农村劳动力转移就业 5.3 万人
城镇登记失业率稳定控制在 3% 以下

城乡居民社会保险基本实现法定人群参保全覆盖

城市低保、农村低保、困难残疾人生活补贴、重度残疾人护理补贴、孤儿生活保障 5 项标准全区最高

改造棚户区 24 个
新建住房 6909 套
建设公租房 5595 套
分配入住 8503 套

国际帆船赛

文化事业蓬勃发展。合浦汉墓群、大浪古城遗址和草鞋村遗址列入"海上丝绸之路．中国史迹"预备名单遗产点。举办"文化北海"建设活动周、侨港开海节等系列活动，历史舞台剧《碧海丝路》在10多个国家巡演。举办文化惠民演出近千场，惠及群众约50万人次。深入实施全民健身计划，成功举办"一带一路"国际帆船赛、"环广西"公路自行车世界巡回赛、第十四届全运会沙滩足球赛等重大体育赛事。学青会圣火在我市采集并进行首站传递。建成体育馆、图书馆、博物馆、档案馆、工人文化宫、青少年宫、妇女儿童活动中心、老干部活动中心等一批公共场馆。

社会大局和谐稳定。北海市整合市长热线、北海 e 眼等 18 条公共服务热线，组建 12345 政府服务热线，创建“解忧超市”，受理转办群众“三事”11.4 万件、群众满意率达 98.53%。实施“天网工程”，全市重点公共区域视频监控全覆盖。采取“十个一律”打击传销，成功摘掉“全国整治聚集式传销重点城市”的帽子。实现法律公共服务全覆盖，调解、信访、仲裁等矛盾纠纷多元化解机制进一步完善，办理信访案件 1.8 万余件。应急管理及处置能力不断加强，安全生产、食品药品安全态势稳定向好。

受理转办群众“三事”11.4 万件
群众满意率达 98.53%

大美北海

责任编辑：赵　迪

复　　审：卜庆华　陈书香

终　　审：陈　宇

整体设计：方　芳

设　　计：风尚境界　周怡君

地图编绘：封　宇　周怡君

信息图表：周怡君　风尚境界